潮流 收藏 就看这一本

先看本书再出手

文玩核桃

鉴赏购买指南

核桃杨 编审

潮流收藏编辑部 编著

北京联合出版公司
Beijing United Publishing Co.,Ltd.

文玩核桃：千金难买喜欢

文玩核桃盛行于明清，一直流行到现在，而且越来越火，把玩群体早已从中老年男人扩大到青年男女。把玩核桃，不仅舒筋活络、保健身体，核桃还会变得红润，碰撞发出金玉之声，因此而升值。这是很多人喜欢它的原因之一。

其二，就是配对。配对完美的核桃才具备较高的价值。一般来说，是同一年、同一棵树、同时间下树的核桃得到配对的几率要高，而也有等了很多年才配上对的核桃或者一直配不上对的，还有勉强配上的，但不是绝配。这些本身就是很好玩的事，像极了人与人之间的因缘际会。

其三，赌青皮。在十里河天娇文化城，最引人注目的是关公亭旁边的赌青皮，每年的八九月份，文玩核桃迎来它的巅峰时期。赌青皮的神秘就在于那层青皮遮去了核桃的质地，而唯有高手的眼睛才能有定夺优劣的穿透力。

文玩核桃是小众收藏，重点是自己喜欢，品种优劣，价格高低尚在其次。但我们需要知道真正的好核桃是什么样的，而且一定要小心不要买到假核桃。

编写本书，我们致力于为读者提供真实、有趣、具有真正价值的文玩核桃选购参考信息。

在本书中我们介绍了文玩核桃的历史、基本的品类（虽然有些都已经只是听说，再无真迹）、产地、玩法、保养方法，各地市场，最新拍卖行情、选购方法、优劣辨别、手疗方法等等，非常简单、实用、快捷，属于随时买核桃随时翻书的这种指导。无论是初级玩家、资深玩家还是文玩核桃的从业者，都可以通过此书对文玩核桃有一个系统全面的梳理和切实日常指导。

在本书编写过程中，我们走访了文玩核桃的市场，采访核桃店铺老板、店员以及核桃玩家，并且实地去核桃产地搜集核桃品种、与农户交流，因此才有了大量真实、鲜活的市场、产地一手资料和最新核桃选购的价格资讯。

在核桃具体的选购投资上，我们通过采访业界前辈用最简洁的文字给出了消费者一些良心建议，对核桃大致价位的梳理，初级玩家、入门级玩家和投资型玩家购买指导的区分，都致力于让消费者在购买时不吃亏，买到自己喜欢，既对又好的核桃。

通过采访文玩核桃店铺的店员，我们了解到一些顾客希望有一些手疗的方法的指导，明确、简单易行，店员可以在卖核桃的时候现场给消费者临摹，因此我们在书中详尽地列出了核桃手疗的十几种方式和具体针对的人体病症或不良症状，旨在为消费者提供便利。

在八月到九月的这段时间，核桃陆续下树，北京的十里河、潘家园以及全国各地的文玩核桃市场将迎来他们的买卖高峰期，希望我们倾心汇集众人心智、经验的这本书能为投身核桃大潮的人们提供最快捷、实战意义的指导。

最后感谢十里河逍遥阁、京核桃店铺，北京兴雅珠宝城承运斋为本书提供大量核桃产品的图片，感谢业界前辈不厌其烦为本书提出的大量珍贵、有建设性的意见和指导，感谢保定涞水县南安庄的孙主任为我们详尽介绍核桃的品种和产地的信息，感谢在本书编写过程中倾尽心力工作的摄影师、文字编辑和设计制作人员，谢谢大家！

2014 年 8 月

|目录

老款狮子头

满天星狮子头

第**肆**章　文玩核桃分类

南将石狮子头

麒麟纹狮子头

第**伍**章　文玩核桃购买投资

蟠龙狮子头

鹰嘴核桃

第陆章　文玩核桃手疗

第柒章　珍贵文玩核桃鉴赏

第壹章

认识文玩核桃

- 核桃的起源
- 什么是文玩核桃？
- 文玩核桃三大类
- 把玩核桃盛行于明清
- 核桃巧雕，价值翻番
- 为什么越来越多的人玩核桃？
- 核桃的疗效

核桃的起源

据《名医别录》中的记载，核桃最初由汉代张骞从西域带进中原，最初称"胡桃"。史料中记载，公元 319 年，晋国大将军占据中原，建立后赵，将胡桃改名为"核桃"。核桃由此得名，延续至今。

但张骞出使西域（公元前 139—公元前 114 年）带回核桃的说法，在《史记》和《汉书》中没有记载，因此在此仅供参考。

我国考古研究发现，在我国山东临朐县山旺村发现的核桃化石，可以推断距今已经有 2500 万年的历史；在河北武安县磁山村也曾出土过碳化核桃，距今 7300 多年；在西安半坡村村落遗址中，有核桃花粉沉淀，距今有 6000 多年。由此可以推断，我国是世界核桃原产地之一。而核桃传自外国的说法以此推算并不成立。

文玩核桃 狮子头

狮子头联体核桃（异型）

官帽核桃一对

什么是文玩核桃？

文玩核桃是对核桃进行特型、特色的选择和加工后形成的有收藏价值的核桃。它要求纹理深刻清晰，并且每对文玩核桃要是同一品种，形状、纹理相似，大小一致，重量相当。所以，这需要花很大工夫才能凑成一对儿，再加上能工巧匠的精心雕琢以及经多年把玩形成老红色，就更显珍贵。

文玩核桃三大类

文玩核桃大致分为三大类：铁核桃、秋子、麻核桃。

麻核桃里的"四大名核"

我们常说的"四大名核"就是指麻核桃里面的四大品种：狮子头、官帽、公子帽、鸡心。麻核桃的产地主要分布在北京、天津、河北、山西等地。麻核桃在个头、形状、质地、颜色等方面都比较出色，且产量稀少，因此它的市场价格也偏高，一般的在几十元至千元、万元不等，价格高的甚至达到十几万元。麻核桃属于野生核桃，近年来，由于野生树种的减少，麻核桃的产量就更加低了，品质好的野生麻核桃更是稀少，因此它的价格涨幅也逐年递增。稀有的、品质好的麻核桃，尤其是狮子头品种，成了核桃热衷者购买收藏的热点。

公子帽核桃，约 47 毫米，市场参考价 8000 元左右

铁核桃的底部与吃的核桃相似

铁核桃，尖小、纹路较浅、个头较大

铁核桃的特点是：尖小、纹路较浅、个头较大。铁核桃的种类也比较多，市面上见到的铁球、元宝、蛤蟆头等都属于铁核桃，各种各样的铁核桃收集起来十分有趣。

铁核桃的产地分布比较广泛，产量较大，因此市场上的价格不是特别高，一般是在几十元到几百元，价格便宜，不小心摔了也不心疼，特别适合核桃初级玩家。

秋子，造型多变、纹路较深

秋子的产地也比较广泛，主要分布在河北、山西、东北等地，主要品种有：子弹头、枣核、鸡嘴、鸭嘴等。秋子的产量比较大，所以它的市场价格比较平民化，一般在百元上下。秋子的特点：造型多变，纹路相对较深。

鸡嘴核桃，外形酷似鸡的嘴巴，因此得名

把玩核桃盛行于明清

把玩核桃的历史从明朝开始。核桃最初是琴师用来锻炼手指灵活性的工具，而后发现经过长期把玩的核桃变得红润、珍贵，惹人喜爱，因而成为一种时尚在民间流行开来，进而传入宫中，成为养生器具之一。

随着人们对把玩核桃的深入了解，开始对核桃的形状、大小、纹理、配对有了要求，另外核桃纹理的丰富多样、神奇也促使核雕艺术发展起来。明代成为核雕的鼎盛时期，以十八罗汉、同舟共济、福禄万代等图案为主题的核雕层出不穷。

十八罗汉核桃
起拍价：无底价　流拍
北京嘉盛轩德国际拍卖有限公司 2014 年春季拍卖会拍卖品

文玩核桃 狮子头

闷尖狮子头一对

岁寒三友核桃一对
估 价 5000~6000
元 流拍
北京宝瑞盈国际拍
卖有限公司 2014 年
春季拍卖会拍卖品

明朝天启皇帝朱由校喜爱核雕，并且亲自操刀，因而有"玩核桃遗忘国事，朱由校御案操刀"的野史在民间流传。

文玩核桃的文化在清朝达到鼎盛时期，受到文人雅士的大力追捧。弄墨品茶之余，拿核桃在掌间把玩几下，别有一番风韵。许多官员、商人也纷纷投入收藏核桃的行列。

此外，清朝康熙、雍正、乾隆三朝皇帝都对核桃钟爱有加，乾隆曾经写诗："掌上旋日月，时光欲倒流。周身气血涌，何年是白头？"

清末有民谣："核桃不离手，能活九十九。超过乾隆爷，阎王叫不走。"手里有一对好核桃成为当时身份和品位的象征，当时京城流行"贝勒[1]手上三件宝，扳指、核桃、笼中鸟"。至今在故宫内还有十几对文玩核桃为当时遗物，棕红色包浆，形状完美，放在华美珍贵的紫檀木盒内。

---

[1] 贝勒，清朝皇室爵位的一个等级，仅次于亲王、郡王

异型核桃珍贵稀少，收藏价值极高

核桃巧雕，价值翻番

文玩核桃雕刻，能够在毫厘之间集大千世界之妙。一般的核桃通过雕刻师的精心设计与雕刻，可实现价值翻倍。不同品质的核桃在选择雕刻题材的时候也不一样：纹路较细的适合雕刻比较细密的图案，如瓜果类；纹路较粗的核桃适合雕刻线条较为粗犷的图案，如花朵。纹路浅的核桃创作空间大，雕刻的题材也更广泛。

葫芦万代，葫芦形象逼真，市场参考价1万元左右

九龙戏珠题材的核桃雕，龙雕刻得惟妙惟肖，足见雕工之精细

为什么越来越多的人玩核桃？

返璞归真的情怀

文玩核桃采自山间野林，集日月精华，聚天地灵气，把玩于手掌中，让人感受到的是贴近自然、回归质朴与本真的情怀。

配对的乐趣

核桃的纹理变幻莫测，极大地满足了人们的想象力。要找纹理、形状、大小相似的两个核桃配对非常难，在好多文人看来，为核桃配对，仿佛在万千世界寻求知己，仅此一点就让他们欲罢不能。

不断升值的艺术品

核桃表皮厚、质地坚硬，经过手的长期把玩，汗液的浸润和油脂的渗透，表皮会随时间的流逝变得红润亮泽、晶莹剔透，碰撞即发出如黄金玉石一般的声响，而且时间越久，把玩得越漂亮，因而也具有更高的价值。

核桃的疗效

　　手是我们日常生活中活动最多的器官之一。手上分布的神经、血管非常丰富，其中有肺经、心包经、大肠经、小肠经等6个经络。中医全息学认为，事物的局部包含整体的全部信息，即手上的各个反射点可以反映它代表的人五脏六腑、四肢的信息。于是用核桃在手中刺激这些反射点，就可以对全身各个器官功能起到调节作用。（详情见本书"第六章：文玩核桃手疗"）

核桃具有明显的手疗作用，使它赢得了许多中老年人的喜爱

第 **貳** 章

四大名核
——最具升值空间的核桃品种

- 狮子头——购买人群最广
- 官 帽——气场最强大
- 鸡 心——多为老人喜欢
- 公子帽——最有贵族遗风

狮子头—购买人群最广

　　狮子头是四大名核之首，因形状像狮子头而得名。它的外形饱满，接近圆球形，尖短而钝，底部平整稳当，棱宽而直，纹路深而多样，非常漂亮。狮子头大多颜色橙黄，易上色上浆，手感好、容易把玩。另外狮子头在古代一直是受王公贵族把玩，深受老百姓追捧，热衷程度一直持续到现在，有增无减。好的狮子头经过多年把玩，品相非常漂亮，升值空间无限。

闷尖狮子头花纹漂亮，有卷花、绕花、拧花等形状，
形似狮子的鬃毛，给人带来无尽想象空间

好品种的狮子头产量稀少。它的饱满外形也一直深得人们喜爱。边宽在45毫米以上的老款狮子头弥足珍贵，收藏价值极高

官帽核桃一对

官帽——气场最强大

官帽的边一般来说都比较大，且比较薄。官帽核桃的边从正面看比较"瘦、窄"，从尖的部位向下的坡度较大，向下的趋势较明显。官帽核桃的边宽比高度要小。

官帽的说法源自明朝官帽，因核桃上面的尖和边特别大，形似"官帽"而得名

官帽核桃一对，42毫米，市场参考价1500元

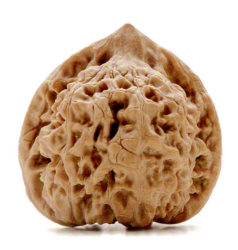

官帽核桃一对

公子帽

公子帽——最有贵族遗风

公子帽核桃的边从正面看比较胖、宽，横向发展的趋势明显，比较圆、饱满，弧度较大，边明显比一般的核桃宽。

公子帽边宽一般要比高度大，就是通常说的矮桩。由于双棱高，形状低矮，放于掌中端详，形似京剧中书生相公戴的帽子，俗称公子帽或相公帽。

公子帽在明清时期为核桃中的极品，曾经被王公贵族所垄断。公子帽的形状、色泽，以及上浆、挂瓷的快速，使得它一直深受玩家们的推崇。

鸡心——多为老人喜欢

鸡心核桃形如心脏，个小的像鸡心，因此而得名。圈内有"十铁一心，十心九歪"之说。

野生的鸡心在"四大名核"中风格较"阴柔"，纹路网状多见，纹理大较疏，顶较钝，底大而平。有的地方也产密纹的鸡心，但是不多见，质地细腻，揉出来也非常好看。现在的鸡心多向粗纹狮子头那样粗犷的方向发展，个儿大，厚边大纹，大平底，质地较粗。

现在常见的就是普通鸡心，桃心，鸭嘴鸡心。老人喜欢鸡心核桃的较多，握着的感觉比较舒服。

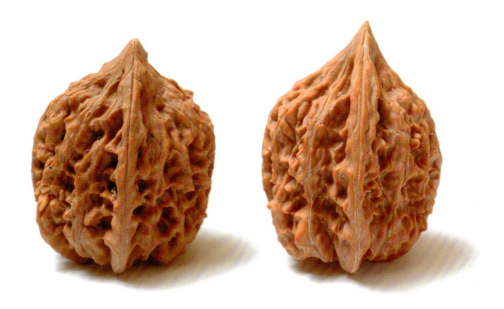

鸡心价位低廉，可以作为初玩核桃练手用。但是揉得漂亮的鸡心，也非常朋特色。曾有文人这样赞赏鸡心之美："丽娴亦佳人，珠光欺宝玉。"

鸡心葫芦万代核桃

灯笼核桃一对

第叁章

文玩核桃产地

哪里的核桃最贵

树上的青皮核桃　文玩核桃在每年的9月份之前就已全部下树，比用来吃的核桃要早半个月到一个月的时间

文玩核桃主要产地

华北——四大名核产地

    具体包括北京、天津、河北、山西一带的山区，简单来说，就是：燕山山脉及其支脉，太行山脉及其支脉。比如现在还很有名气的门头沟王坪村闷尖狮子头、马老四狮子头、四座楼狮子头、蟠龙狮子头、盘山孙家公子帽，还包括目前嫁接的白狮子头、矮密狮子头的野生原树，也都是来自燕山山脉。

满天星狮子头　市场参考价 30000 元

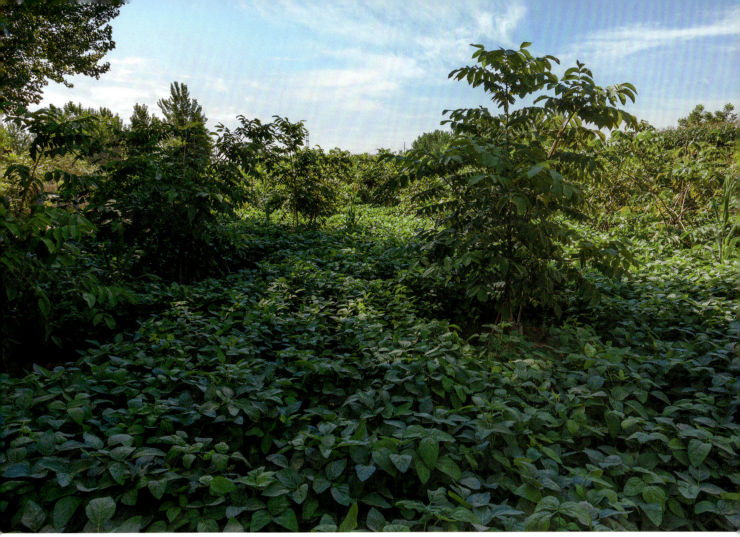

文玩核桃产地风光

核桃的生长需要得天独厚的自然环境和气候条件，在北方春季、夏季如果遇上冰雹，这一年的收成基本就黄了

四座楼狮子头算是文玩核桃价格最高的品种了，纹路好看，周正。要是初玩的话，建议收对40毫米以下的，先练手。

由于整体气候、环境、水土的因素，使得这一地区的核桃，在文玩核桃的综合品相方面（包括分量、纹路、形状，把玩多年以后的颜色、润度）是所有文玩核桃中最好的，文玩核桃的传统名品，都出自这两个山区，这里同时也拥有人工嫁接数量最多的核桃品种。

🌰 东北——秋子产地

东北盛产秋子，其产量极大，但分量比华北核桃略轻，比西北灯笼核桃略重，多是细长大尖的，因为产量大，各种形状都有。如果是没被化学药水处理过的原皮色秋子，把玩上色快。目前已开始少量嫁接。

在东北的大兴安岭、小兴安岭、长白山，以及北京周边山区都有秋子出产，产量虽高，但精品极少。秋子耐得住严寒，纹路粗犷，风格豪迈，把玩3年，晶莹剔透，红中透亮，野味十足。

小贴士：秋子跟鸡心怎么区别

纹路：秋子一般八根筋，而且脐部鼓出来。鸡心的底座有放射状纹路，尖部要厚实一些。

形状：鸡心一般有点歪，十个鸡心九个歪。

声音：鸡心的声音比较清脆，秋子声音较闷。

颜色：秋子一般颜色较重，鸡心大部分是黄色的。

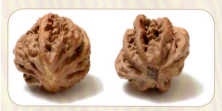

秋子底部，请观察突出的脐部和八道棱

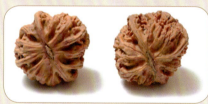

鸡心底部，呈放射状，脐部较平

秋子一对，相对鸡心较平整

鸡心一对，形歪，站不正

西北灯笼，属于山核桃系。产量大，所以价值不高，市场价在10~500元左右。玩的核桃最好选择麻核桃系，如狮子头、官帽、公子帽、虎头等品种，把玩更有升值空间

西北——灯笼产地

西北地区指晋北、陕北，以灯笼核桃出名，近期西北也新开发出一些类似帽子等的品种，纹路比其他产地的核桃更深，但从实际把玩效果来看，颜色和润度比华北地区的名核桃要差。

灯笼上色快，经过一段时间把玩，皮色就会变得漂亮。核桃个头儿小，可以"手捻"三个核桃一起盘

西南——铁核桃产地

西南以铁核桃最有代表性，其他地区也出产铁核桃，但以西南地区云、贵、川三省的最为出名。整体上说，铁核桃是分量最大的核桃，但边与底部的过渡最为难看，纹路不论深浅，多以坑状纹路为主，观赏性较差。

此外，在文玩核桃的把玩中，还有少量的两种核桃：鸡宝核桃、猴头核桃。但整体品相方面，决定了它们还是属于价格低廉的文玩核桃。鸡宝核桃多是非常小，小到两只并不适合把玩转动，而且纹路很浅，几乎没有纹路，多是作手机挂坠或者打串；猴头核桃分量很轻，没有明显的边、底座，纹理也很简单，没有太多的变化。

联体铁核桃，市场参考价 100 ~ 1000 元。铁核桃真正能证明核桃是玩出来的，刚上手的皮质粗糙、没有光泽的铁核桃，玩上四五年也会晶莹剔透

平谷四座楼狮子头，特点是边厚实、形周正、纹路非常棒。超大平底座，底部呈放射性纹路，尖非常小。整体感觉非常霸气，因产量低而价格极高

哪里的核桃最贵

🟤 北京

① 平谷区——百年精品狮子头产地

平谷在历史上就是文玩核桃的主产区，原因之一是其距离文玩核桃的主要城市北京、天津比较近，位于两个城市中间，便于核桃流通。最著名的老树闷尖（四座楼）狮子头，老树已死，我们看到的很多的百年精品狮子头，都是这棵树的产品。

由于嫁接技术的发展，近年来已经有嫁接品种出现（也称之为四座楼），但外形、品质与老树还是有一些差别。今后还会有一些嫁接的平谷闷尖狮子头出现。另外平谷的官帽也是很出名的，是传统上的外形标准，由于基本上是野生的，产量不高，个头也不大。市场上还能见到一些平谷产的狮子头，主要的特征是皮质坚硬，纹路好，肚大、底座大。

❷ 门头沟区——诗意闷尖狮子头产地

门头沟也是北京主要的核桃产地，优良品种非常之多，以狮子头、虎头等为主，产量不高。门头沟土生土长的人是最懂得文玩核桃价值的，山里的农民，几乎都能头头是道地聊上几句。

由于气候、土壤非常适宜种植核桃，目前在门头沟有大量的嫁接核桃。当地人对核桃价值的认知程度普遍高，因此嫁接核桃的看护成了很重要的问题。

门头沟的闷尖狮子头也已绝迹，与平谷闷尖不同，门头沟的闷尖狮子头更有诗意，颜色更红润漂亮，底座呈菊花纹路，脐部小，外形也非常矮。其他品种倒是比较少见。

门头沟狮子头

狮子头底部优美的纹路

🌰 天津蓟县——盘山公子帽产地

蓟县是天津市唯一的核桃产地,著名品种层出不穷,也是嫁接核桃的主产地。蓟县核桃外形粗犷优美,纹路清晰,由于在地域上与北京的平谷相邻,核桃的特征也有所相似。传统上蓟县盘山公子帽是最著名的。现在人们称的盘山公子帽(包括三棱公子帽),就是老孙家的公子帽,外形较高,40毫米以上的很少。另外马老四的狮子头、黄崖关的虎头也比较有名。

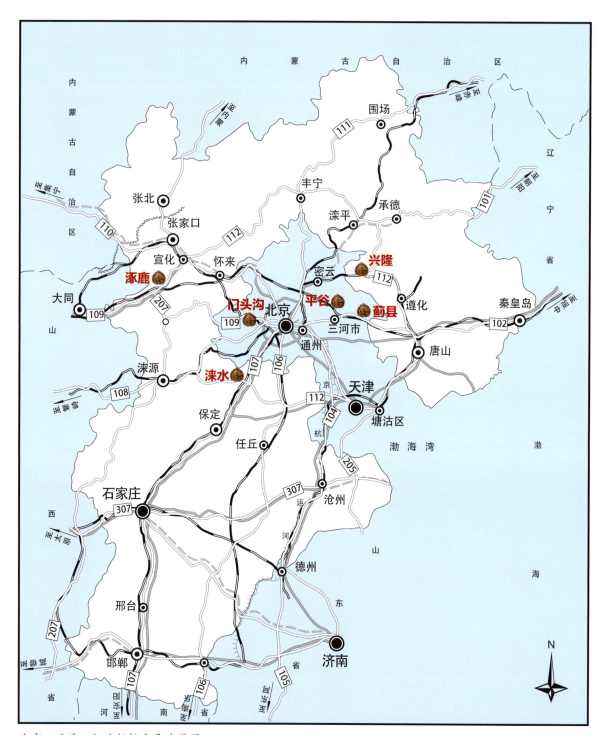

北京、天津、河北核桃主要产区图

河北

❶ 承德——公子帽产地

承德是传统文玩核桃的主要产地，但近几年由于产量过低一度被忽略。承德出产狮子头、公子帽等优良品种，也有秋子。承德产的狮子头，外形矮，肚大，底座大，纹路稍浅，个头大的较少。传统上，承德公子帽也较有名，但近几年非常少见。

❷ 张家口——涿鹿县南将石狮子头产地

张家口地区野生山核桃众多，由于交通不便，很少有人认知和发现，潜力巨大。最著名的就是涿鹿县南将石狮子头，其特征明显：外形粗犷、纹路美观细致，大扣底，菱形脐、四瓣嘴。这种核桃产量稀少，成为近几年来非常火热的品种。涿鹿县还出产虎头和其他品种的狮子头，品质都优异，但认知度不高。

南将石狮子头一对

南将石狮子头的显著特点：皮质好、纹理漂亮、十字尖、溜肩、粗筋、凹底、菱形脐

　　麦穗虎头外形庄重大气，纹路拧花漂亮，厚边筋粗，皮质好的麦穗虎头玩出来的玉质感极强，因而一直深受广大核友的喜欢

❸ 涞水——中国核桃市场的晴雨表

　　涞水是影响中国核桃市场的最重要的地区，由于土壤、气候非常适于种植文玩核桃，十几年前就有有识之士开始酝酿种植。截止到目前，形成了以娄村乡南安庄、虎过庄、西安庄、太平庄、长安庄为中心的全国最大的文玩核桃种植基地，嫁接核桃一万余棵，拥有鸡心、狮子头、虎头、公子帽等品种。麦穗虎头、白狮子头、涞水公子帽都是这个地区的品种，这几年来在文玩核桃市场上非常受欢迎。

涞水南安庄

涞水南安庄的文玩核桃种植始于 20 世纪 90 年代，经过十多年的发展，目前已经具备一定规模。这里汇集了最全的文玩核桃品种，每家每户种植核桃，靠此走上致富奔小康的路。据南安庄的村主任孙玉宝说，南安庄尝试过各种致富方法，最初还养过羊，光羊的品种也换了几次。最后发现文玩核桃的商机，村里一户带一户，核桃嫁接技术传播开来，这才慢慢成为村民可以安度民生的主业。

涞水南安庄麻核桃基地

在南安庄，家家户户都算得上是一个核桃种植园，农户自家房前屋后、田地里都种满了大大小小的核桃树

南安庄村主任 孙玉宝

文玩核桃经销商可以来这里收购核桃，路面不够宽阔，双向道或者单向道，还有一段不到十公里的石子遍布的山路，相对难走。车耗较大。

核桃的收购方式，每个人不尽相同。有整棵树整棵树收购的，也有按核桃个数儿收购的。按整棵树收购的，是完全收购一个品种的几棵树，或者收购较好的品种，如狮子头、官帽等，但未必来自同一棵树。懂文玩核桃的经销商一般会给一个相对货真价实的价格，以此来一次性购买农户较多数量的核桃。这种交易建立在多年合作的信任和默契之上。到了核桃下树的时候，农户会选质量上乘的核桃等着他的信任的买家前来购买。

具体如何收购更容易有较大受益？笔者推荐同一品种的几棵树一起收购较好，因为这样容易拿到这个品种里最好品相的核桃，而

为核桃固定上这个类似小灯笼的装置是为了让它长得更圆更好看，这是在当地非常常见的方法

这个上下遮挡的装置，可以避免核桃受到大雨或冰雹冲击，而且固定高度可以让核桃横向发展，肚子更饱满，整体外观更圆

且配对的几率要高很多。因为同一棵树配对的几率本来就高。既然掌握了该品种的精品，又拿到了更多的对儿，不愁卖不到好价钱。

　　到了核桃下树的时候，大量收购核桃的商人会来涞水的各个村落收购核桃，这些村落中就有上车亭村。村民将自己家的核桃摆在自家门前或人多的路边卖。在这些出售的核桃中也不乏优异的品种，比如南将石、白狮子、苹果园、四座楼等。

在自家门前卖青皮核桃的农户

涞水上车亭村的核桃交易小集市

文玩核桃适合在深厚、疏松、排水良好、腐殖质丰富的沙壤土中生长。长期晴朗而干燥的气候能促进其开花结果。但对土壤的水分比较敏感，过旱或过湿都不利于其生长

在南安庄村多的是这样安静的小路，草木丛生，家家房前屋后瓜果梨枣，绿荫如织。核桃树是所有绿植中的主角

在核桃周围架起支架是为了方便管理过程中修剪或者为果实加夹子等等

第肆章 文玩核桃分类

- 狮子头——投资收藏首选
- 虎头——入门级玩家首选
- 公子帽
- 官帽
- 灯笼
- 秋子
- 铁核桃
- 鸡心
- 桃心
- 异型核桃
- 其他

狮子头——投资收藏首选

狮子头外形的基本特点是：纹路深、边厚、边宽，底大且平。

1. 老款闷尖狮子头 文玩核桃里最漂亮的品种，矮桩的闷尖品相最好！核桃的尖要与旁边的边齐或是比边还要低，闷尖高度的尺寸要小于它的边的尺寸，边的尺寸接近或小于肚子的尺寸，这样的形状像南瓜或柿饼，异常美丽、迷人。

老款闷尖狮子头，大多数人只闻其身，不见其人，市场价值极高，是珍稀的核桃品种

2. 老款狮子　文玩核桃中历史最悠久的品种，原产于京津冀三地，现在仅河北有少量出产。老款狮子头外形端庄厚重，正圆侧方，核桃肚饱满，桩矮端正，厚边，尖小而钝，小十字尖和一字尖都有，纹路深而舒展，底部大、厚实而平整，皮质密度大，手感很重，上色慢但玩出来颜色漂亮。

老款狮子，45毫米，市场参考价30000元左右，近看核桃的纹路，像一幅徐徐展开的风俗画，画中人物形态各异，专注做事，一副风生水起的热闹场景

3. 四座楼狮子头　产自北京平谷四座楼附近一个深沟里，因此得名四座楼。目前老树已毁，我们看到的多是嫁接的。一年产量不超过40对，因而非常珍贵。

四座楼狮子头

4. 麒麟纹狮子头 产自河北。麒麟纹狮子头因纹路似传说中麒麟身上的鳞片，而得名"麒麟纹"。清朝康熙年间有记载，西藏使臣将麒麟纹进贡给康熙，康熙看后大喜，赐为"御用"品种。特点：矮桩大底，个头丰满，外形端庄周正，闷尖、大肚、边宽而厚，大凹底，皮色漂亮，皮质坚硬，有分量，上色快。此品种在市场上极为罕见，故宫至今仍然珍藏着此品种的核桃。由于形状酷似北京四合院门口的门墩，因此还被称作"门墩狮子头"。

麒麟纹狮子头，49毫米，市场参考价15000元左右

5. 蟠龙纹狮子头 这个名字是核商起的，以核桃纹路命名，最早叫矮桩宽边细纹狮子，产地在山西，宽边肚瘦，底边有点兜，型状规整，纹路细腻，皮质不错。2008年这棵野生狮子头树开始被各地更多的核农发现并嫁接，原树的现状越来越不乐观，由于嫁接的数量过多、速度过快，树冠比原来小了很多，每年的正常产量在500个左右。蟠龙纹狮子头（蟠龙纹狮子头）特点：外形秀气；纹路复杂多变，矮桩略多；尖大肚扁；底部有点兜底。

高桩蟠龙纹狮子头，外形秀气、纹路复杂多变，矮桩略多、尖大肚扁、底部有点兜底

6. 南将石狮子头　这是比较有名气的一款狮子头。原树只有一棵，长在河北涿鹿县的南将石村东。南将石的特点：密纹、宽边、大底略凹、菱形脐、上色慢。由于近些年人们对老树不断追求产量，乱施肥，造成南将石的"黄尖""黄边""奉拉边""大小边"等问题。另外南将石这棵树异型果较多，如：窝头、瓜子、单边等。目前南将石的嫁接果树已经比较多，到目前已有几千棵。

南将石狮子头形状像窝头，无论高桩矮桩。十字尖，尖是两瓣，像白狮子，但是更厚实；边厚实，纹路细致，为疙瘩纹，豪迈，如江水翻滚。缺点是歪的比较多，或者说绝大多数就是歪的

7. 苹果园狮子头　　原产于北京门头沟王坪村，目前主要产于河北省涞水县的南安庄村、虎过庄村、板城村等地。外型酷似苹果，底座为苹果底，因此而得名。因为青皮很薄，肚大脐小，又被称为"薄皮大馅"。

苹果园狮子头，44 毫米，市场参考价 5000 元左右

8. 白狮子头　　这是一个很漂亮的嫁接品种，属于矮桩。识别白狮子头一个明显特征是：每个核桃的尖部有个不明显的分岔。为什么叫白狮子头呢？据说是 2007 年当地农民给起的名字，因为这个嫁接品种的外皮刚下树的时候发白。诸如此类的新名词还有"毛毛虫""红狮子头"等。

　　白狮子头底座大而端正，纹路较秀气，皮质超好，上手易红，美中不足是其核桃黄尖黄边较多。44毫米，市场参考价5500元左右

9. 红狮子头　　现产地河北涞水（虎过庄、南安庄、西安庄等村），由于核桃皮质发红，上手也极易变红，因此取名红狮子头。红狮子头最大能到47毫米左右，因为配对困难，产量少，皮质一流，很多品相不错的红狮子头价位也很高，甚至高过白狮子。买对品相好的红狮子头也要比买其他的名品狮子头更有价值。

　　红狮子头，45毫米，市场参考价6000~10000元

10. 王虎狮子头　产于河北保定。个儿大，纹路漂亮，配对极佳，分量也非常好，超大肚，能站的非常稳，核型非常漂亮。玩儿出来是那种很漂亮的玛瑙红。具备较高的升值空间。

王虎狮子头，47毫米，市场参考价8000元左右

11. 矮桩狮子头　形状比较圆，高度不超过或是接近边的大小的狮子头就是矮桩狮子头。闷尖狮子头属于矮桩，但并不是所有矮桩狮子头都能叫闷尖。目前已经没有活着的野生闷尖狮子头老树。很多狮子头品种都出矮桩的核桃，例如：磨盘、四座楼、白狮子头等。

矮桩闷尖狮子头是狮子头核桃中最为出色的，外形好，手感佳，产量低

12. 满天星狮子头　满天星狮子头是狮子头中的精品。原产地北京门头沟，老树已毁，新出的都是嫁接品种。在手中盘玩声音清脆悦耳，皮质有质感，有分量，纹路星星点点，分布均匀。挂浆后，通体晶透，如玉似玛瑙，纹路犹如夜空中闪烁的群星。

满天星狮子头

13. 磨盘狮子头　文玩核桃的珍贵品种之一，因核桃桩矮、肚大，两个核桃摞起来后形似磨盘而得名。核桃不是很大，一般在38~45毫米之间。它与其他核桃的最大区别是不会有刺手的感觉，可以用力攥来把玩。核桃整体密度大，初上手比较容易变色，很受文玩藏友们的喜爱。

磨盘狮子头，45毫米，市场参考价15000元左右

14. 马老四狮子头　产自天津蓟县，名字来自树主人的名字，目前还属于野生核桃。北京的玩家都称它为狮子头核桃，天津有人称它为虎头。分量重，纹路深，密度大，皮质好，桩像高，市场上又有俗称"大驴脸儿"。

马老四狮子头，43 毫米，市场参考价 1000 元左右，好一点的要 2000 元左右

15. 高桩狮子头　高桩狮子头最大的特点就是个子高，同样大小的狮子头，高桩的要比矮桩的显得大得多，而且涨手。但是高桩核桃的价格要低于矮桩。

蟠龙狮子头，47 毫米，市场参考价 12000 元左右

16. 密纹狮子头 以核桃的纹路来命名，产自北京昌平。核桃纹路细腻、花纹漂亮，矮桩，平底，皮色好，上手易红。据说野生的原树还在，在北京市昌平区，直径在30厘米左右，并且树势很好。之后周边地区都嫁接了一部分，目前市场上密纹狮子头已经有很多，在北京的十里河、潘家园都可以看到。

密纹狮子头，43毫米，市场参考价500~2000元

17. 元宝狮子头 河北秦皇岛和北京平谷都有出产。外型稳重，从上往下看，肚大于边，侧面看，外型像古代的元宝，因此而得名。平底小钝尖，小十字尖，上手易红，嫁接较多，价格适中。

元宝狮子头，42毫米，市场参考价1000~5000元

18. 流星雨狮子头　流星雨狮子头是新推出的嫁接品种，是满天星的变种，产自河北涞水。流星雨狮子头外形端正，个大凸尖，纹路深而粗犷，与满天星相似。二者区别在于满天星是点状疙瘩纹，流星雨是线状疙瘩纹。流星雨皮质好，上手容易红。

流星雨狮子头，46毫米，市场参考价5000元左右

19. 平顶狮子头　平顶狮子头是以核桃的顶部形状来命名的核桃。核桃顶平，纹路漂亮、细腻，底平，密度大，分量重，皮质好，易上色。这个品种的狮子头品质不错，玩家比较喜欢，就是大尺寸的核桃较少。

平顶狮子头，45毫米，市场参考价2000元左右

20. 僧帽狮子头　僧帽狮子头是以核桃的顶部形状来命名的核桃，产自河北。它的顶部像僧人戴的帽子，上大下小，纹路深、粗犷且不规则，凹底，密度大，分量重，皮质好。这个品种没有被嫁接，尺寸不大，数量不多，近几年已经很少见了。

僧帽狮子头，又称僧帽佛头

21. 宫灯狮子头　宫灯狮子头是狮子头里很好的一个品种。特点：外形漂亮，正面看像很大的寿桃。具有官帽的外观，肚子大，有时候肚的尺寸超过边的尺寸，但相差不大，大致与边的尺寸接近。皮质很好，白茬颜色正，盘出来皮色漂亮，一般盘一年之后，就会有很好的包浆、有玉质感。纹路深，正面大筋明显，加上桩相对较矮，因此得名"宫灯狮子头"。由于它的尖部较突出，所以在把玩的时候，要格外注意不要磕碰和脱手。

22. 狼牙山狮子头 产自河北保定易县狼牙山，因产地而得名。狼牙山狮子头属于硬果型皮质，上色极为困难，与南将石相比有过之而无不及，可谓"十年磨一剑"。纹路深邃，一贯到底。边厚重程度一般，桩型属于老款型。尖部很小，肩膀很平，基本符合闷尖标准。由于皮质密度很大，尖部也很结实，盘玩尖不易很快脱落，脐较长，是十分难得的品种。

狼牙山狮子头，市场参考价 8000 元左右

23. 黎城狮子头 黎城狮子头是以其地名和纹路命名的核桃。它的原称是矮桩宽边细纹官帽，产自晋、冀、豫三省交界的黎城。它与蟠龙纹狮子头的形状比较相似，也是扁肚、宽边。底边两端各有一个大耳朵，形状优美、雅致，但纹路却差别很大，黎城狮子头多刺扎手且纹路粗犷，分布无规律。这种核桃质地坚硬，密度大，上色慢，把玩者需要有耐心才能收获意外惊喜。

黎城狮子头，52毫米，市场参考价30000元左右

24. 大粗筋狮子头 大粗筋狮子头因纹路粗而得名，大平底，密度大，分量重，整体给人感觉粗犷、沉稳、厚重，像大山一样的感觉，充分体现出了犹如男性的阳刚之美，深受广大玩家喜爱。这个品种目前被个别核商垄断，之前在电视台有提到16万元的核桃，就是这个品种。

葫芦万代核雕

公子帽

野生的公子帽，形状迷人，特点是出尖、肚子大、纹路深，上色快。最突出的是核桃的外形，很像古时公子头顶的帽子，尖两边有对称的弧形，底部兜半圆。

1. 蓟县盘山公子帽　产自天津蓟县盘山的那棵老树。这棵老树离村六七里，处在半山腰，2001年被天津人发现。盘山公子帽的特点是兜底，宽边，纹路深，以其中的矮桩最佳。

2. 崔凯公子帽　在河北还有一棵老树公子帽也很漂亮，树很老很粗，俩人联手都抱不住。这个品种最大的特点是上色快，初玩者半个月就可以把核桃盘红，因而玩这个品种会很有成就感。这棵树每年还经常出产矮桩，形状很漂亮，加上纹路多变、肚子大，很受玩家青睐。崔凯公子帽价格一般在几百到8000元之间，48毫米以上的要高于8000元。

崔凯公子帽

3. 嫁接品种公子帽　近年嫁接的公子帽泛滥，使人眼花缭乱，不易分辨手里的东西到底叫什么，又像公子帽又像罗汉头，所以很多玩家统称这类东西为"帽子"。

4. 野生雪花流水公子帽　以核桃产地和纹路命名的核桃。产自天津蓟县深山，分量极沉，纹路粗犷，皮质好，上色易红，把玩出来的效果非常漂亮。

野生雪花流水公子帽，47毫米，市场参考价5000元左右

5. 野生百里峡公子帽　产自北京房山十渡一带的百里峡，因产地而得名。特点：形状端正漂亮，纹路比嫁接的公子帽要深，密度大，分量重，手感舒服。最大的特点是皮质好，上手易红，揉出的颜色非常漂亮。

6. 老型公子帽　以传统野生公子帽来命名的核桃。产自河北涿鹿，目前已被嫁接。特点：个儿大，边大，尖儿大；纹路深，形状漂亮；大凹底，脐小；皮质好，上手易红。

老型公子帽，44毫米，市场参考价3000元

7. 太行山公子帽　产自太行山脉，因此而得名。纯野生品种，老树已死，目前只有几对在市面上流传。特点：扇子边，憋肚，木质好，上手易红，特别像老型公子帽。

官帽

官帽是最容易与公子帽混淆的品种。它之所以叫官帽是因为它的边长得很宽。官帽与公子帽最大的区别就是底部不同，官帽的底下兜不明显，有的官帽品种是平底，而公子帽有两个美丽的大兜儿。另外，官帽的边长得更宽一些。官帽的品种很多，相当一部分品种是扁肚子。

1. 扁肚官帽　扁肚官帽的肚子不像一般官帽鼓鼓的样子，而是很扁，边也很大，像是用手掐出来的似的。把玩时手感特别，显得异常与众不同，很受玩家追捧。拿在手里特别有震撼力。与其他核桃对比，气场非常强大。现在这个品种最好的老树已经被毁掉了，因此现在市场上多见此类官帽的造假核桃。野生的、类似这样的扁帽目前还有，只是大个儿的不多，周正的就更少了。

扁肚官帽核桃一对，46毫米，市场参考价5000元

2. 中国大花 以核桃的纹路命名的核桃，在市场上极为罕见，属野生品种。纹理像牡丹花盛开一样娇艳，因此得名"中国大花"。特点：边大，饱满，纹路双面开花，深邃流畅；底部金钱眼，分量坠手，皮质坚硬，上手易红。

中国大花，市场参考价20000元左右，52毫米以上的要达到30000元左右

3. 其他野生官帽 真正的好品种越来越少了。目前北京以及周边还有几棵，每年的精品不多。喜欢野生官帽的朋友不妨多留心，也许以后野生的官帽就更难一见了。

野生官帽，46毫米，产地：北京，市场参考价5000元左右

4. 太行山野生菊花纹官帽以核桃的产地和纹路命名的核桃，产自太行山。纹路非常粗犷、漂亮，形似菊花绽放；皮质坚硬，木质感强；脐小，肚大，上手易红。

虎头——入门级玩家首选

虎头的肚没有狮子头向外鼓得明显，棱比狮子头小一些（个别品种除外），而且从尖的位置下来，比较直，弧度比较小，尤其是到最宽的位置以下，基本上是直线向下了，差不多和水平成90度了。另外，虎头底部着地面积比狮子头小。

整体来讲，狮子头一般都是矮桩的，看起来圆而饱满，而虎头一般都是高桩的，不如狮子头饱满，感觉上看起来比较高、比较长。市场上狮子头的价格普遍比虎头的价格要高一些，因而买的时候要注意区分。

虎头极易与狮子头相混，虎头与之相比，底略小（俗称屁股小），奔头小（奔儿小），端肩膀。

　　虎头是好多初入门的玩家喜欢的品种，因为它有比较容易接受的价格，纹路也很深、很漂亮。大小在43~45毫米的虎头，1000元多点就可以买到，送给老人也还算拿得出手的礼物。但是同等大小的狮子头，价格就要在3500~8000元左右。不过买核桃主要还是看个人喜好，什么品种、价格多少尚在其次。

　　1. 麦穗纹虎头　是以核桃的纹路来命名的核桃，此品种核桃分为野生和嫁接的两种，很受玩家青睐。野生麦穗虎头产于北京房山区堂上，所以也称堂上虎头。纹路漂亮，厚重有力，一点不显单薄。嫁接麦穗虎头主要产自河北涞水。

麦穗纹虎头

　　2. 野生粗纹虎头　以核桃纹路命名的核桃，产自河北。也有人叫它高桩狮子。小闷尖，大底座，脐小，纹路粗而深，容易配对。边厚，分量足，皮质好，上手易红。

野生粗纹虎头，43毫米，市场参考价 6000~8000 元

3. 蟠龙虎头　以核桃的纹路命名的核桃。产自河北，是一款比较知名的虎头。纹路与蟠龙狮子头极其相似，只是桩稍微高一些，边部比蟠龙狮子头厚一些，小凹底儿。价格上同品相、同尺寸的蟠龙虎头比蟠龙狮子头要低。

4. 蓟县野生矮桩闷尖虎头　产自天津蓟县，闷尖边粗，因此而得名。肚子较大，纹路很密很深，层次分明，表皮有玉石般的质地，尤其是分量相当重，配对很好。

5. 麦穗纹虎头　是以核桃的纹路来命名的核桃，此品种核桃分为野生和嫁接的两种，很受玩家青睐。野生麦穗虎头产于北京房山区堂上，所以也称堂上虎头。纹路漂亮，厚重有力，一点不显单薄。嫁接麦穗虎头主要产自河北涞水。

麦穗纹虎头，48毫米，市场参考价10000元。表皮类似麦穗的纹路清晰可见。显著特点是纹理呈麦穗状，很规则，主要筋脉苍劲疏松；高桩较多，大耳朵，边厚，分量坠手，上色速度很快

6. 野生虎头 这棵老树，是非常优秀的品种。涞水的所有嫁接品种都是这棵树的种。特点：纹路漂亮，厚重有力。

野生虎头，45毫米，市场参考价4500元

桃心

因形如秋桃而得名。产自河北、北京、陕西、山西、天津等地。特点：个头儿大，凸起明显；纹路呈不均匀的网状，棱宽而平滑，尖钝，尾紧；皮质硬度高，不易上色，但一旦把玩出来后效果很好。

桃心，47毫米，市场参考价200~2000元左右

鸡心

现在的鸡心市场上几乎都是嫁接鸡心了。野生的鸡心虽然皮质远优于嫁接品种，但个头小、产量少，在市场上已不多见。区别二者最简单的办法是放在手上掂一掂，比较重的是野生的，轻的属于嫁接品种。

嫁接鸡心最大的优点是个头大，尖儿最好，手疗效果好，上色较快（上色快慢也要看嫁接的具体品种）。但鸡心也有其不可避免的缺点：皮薄、歪（十个鸡心九个歪）、黄尖、易裂。所以在嫁接鸡心的选择上要考虑嫁接的父本、母本是否优秀（这需要与卖家有良好的沟通，建立默契的关系，才可真实地了解），尽量选择矮桩的鸡心（因形状漂亮，纹路深，可与狮子头混淆）。

民国鸡心核桃 估价 15000~20000 元

北京宝瑞盈国际拍卖
有限公司 2013 年秋季
大型拍卖会收藏品

高桩鸡心　市场参考价 300~500 元

灯笼

灯笼最大的特点是边棱突兀明显，纹路单薄，一般是有六道或是八道棱，也有五道以及其他数量的边棱。灯笼多出自秋子，也有很少的品种出自狮子头。灯笼虽然近年来逐渐被玩家接受，但是灯笼（秋子灯笼）最大的弱点是纹路特别单薄，稍用力就会崩茬掉渣，扎手的感觉也不是很舒服。

秋子灯笼，市场参考价几十到 500 元

灯笼，市场参考价 300~500 元

狮子头里出来的灯笼就与上述情况不同，纹路凹凸明显而不薄弱，只是大个儿的不多。秋子灯笼能出很大的，有的接近 50 毫米。灯笼里最好的品种除了狮子头灯笼外，在秋子灯笼里也有很漂亮的品种，如"闷尖灯笼"。它个头很小，天然死脐，不会脱落和漏脐，皮质特别坚硬，不开裂，不怕武盘，上色很快，形状很圆，尖很低，低于两边。但是它的产量极低。

有一种南瓜形的矮桩五棱秋子灯笼，特别漂亮。特点：桩很矮，棱的形状与纹路的形状完全是两种概念，棱显得非常明显，仿佛是人为雕刻的一样。这种核桃树是野生的并仅有一棵。

小贴士：什么是武盘

盘玩核桃的两种方式之一。另外一种叫文盘，即两只核桃在手里互不接触，基本不发出碰撞的声音。而武盘恰好相反，两核桃在手里相互碰撞，发出声音。

异型联体铁核桃　市场参考价 300~1500 元

铁核桃

　　铁核桃俗称"老铁"，南北方都有生产，并且产量高。铁核桃的特点是分量大、皮厚，缺点是纹路浅、易开裂，边、底、尖各个部位都特别容易裂开。所以铁核桃一直属于低价核桃，在文玩市场上没什么分量。

　　能卖出好价格的品种有四棱（分高四棱与矮四棱，又称"包子"）、五棱、六棱、大蝴蝶、三联体等。近年铁核桃有嫁接品种，但品相也没有什么大的提高。

秋子

　　秋子是最便宜的核桃，也叫"山核桃"，分布最广，品种很多，如：枣核、圆豆、花生、桃心、双棒蝴蝶、鹰嘴、企鹅、瓜子、灯笼、辣椒等等。秋子里绝大多数品种都高产，但也有为数不多的珍稀品种。秋子中比较稀有的，如一些超大（50毫米以上）、超小（小于20毫米）、异型的秋子很受玩家青睐。

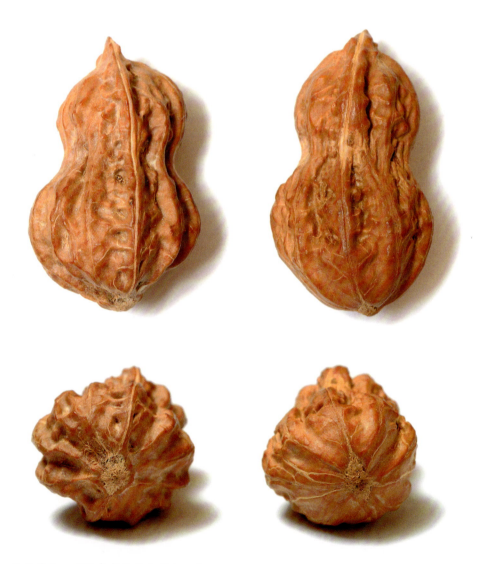

秋子花生，市场参考价几十到200元

异型核桃

基本上每个品种里都会出现异型核桃。品相好的异型核桃，价格一般都会高于本品种的普通型的核桃。喜欢异型核桃的朋友，见到异型核桃，该出手时就要果断出手，因为有的异型核桃一旦错过了，一辈子也许再也遇不到了。

三棱佛头　市场参考价 30000 元

异型四棱核桃

鹰嘴　市场参考价 15000 元

鹰嘴　市场参考价 1000 元

鸡心核桃

其他

　　随着文玩市场的兴旺，市场上出现的品种越来越多，有的是老品种（如罗汉头），有的是新兴产物（如桃心），有的是商家命名（如麒麟纹），有的是玩家的凭空杜撰与美好想象（如五星上将）。

　　还有一些：将军牓、状元冠、蛤蟆头、鸭嘴、佛肚、翻天印、元宝、平尖……品类繁多，难以一一分辨。要想彻底了解，只有靠多看、多学、多问、多积累才能识别。

嫁接密纹狮子头，产地：河北 市场参考价 300~500 元

1. 将军膀　以核桃外形命名，特点上尖下圆，尖的部分向两侧平行向外延伸，如北伐时期将军们佩戴的肩章，因此而得名。产自陕西、山西等地，形状特殊，纹路呈网状，双棱突出直贯全身，尾部呈椭圆形收紧，皮质好，结构坚硬，相互碰撞犹如金石之声，不易上色，经过长时间搓揉后呈暗红色，非常漂亮。

2. 蛤蟆头　以核桃外形命名。铁核桃里的一个品种。产自陕西、河北、山西东北部，最近在北京、天津也有出产。特点：肚子大，底大，但不平，尾脐裂隙长，边窄而短，往往延伸不到底部就消失。蛤蟆头的名字源自其自身的纹路，正面观察像一只蛤蟆趴在那里。蛤蟆头这个品种一般个头都比较大，纹路粗，可塑性强，是微雕的好材料，但也具备铁核桃易裂的特点。

水龙纹狮子头

蛤蟆头，58 毫米，市场参考价 5000 元左右

3. 罗汉头　以核桃外形命名，产自陕西、甘肃一带。形状以椭圆为主，尖小棱低，因形如和尚头而得名。罗汉头分为两种：细纹罗汉头和粗纹罗汉头。特点是分量足，颜色深，皮质好，上手易红，上浆、挂瓷快。

4. 骰子（shai zi）　以核桃外形命名，产自河北、陕西一带，又称方核桃。形状方正，四条棱由尾到尖，外形特别像麻将中的骰子，因此而得名。属于铁核桃的一种，也叫四棱铁核桃。形状奇异，色泽庄重，量少价高。在文玩核桃圈有"十对秋子也换不来一对骰子"的说法。

5. 刺猬　以核桃外形命名，又称蒺藜（一种有多刺果实的植物）。产自四川的深山中。全身有凸起的尖，纹路呈点状纹，特别像刺猬，因此而得名。圆形，分量重，皮质好，上手易红，因全身有凸起的尖，手疗效果非常好，是手疗核桃的珍品。

刺猬，49毫米

6. 马蹄　以核桃外形命名，产自陕西、山西、河北等地。因其尾部平，底座大，形状如马蹄而得名，又称扣钟。特点：形状奇特，凸起高大，质地坚硬，边宽而直，尖小而钝，上色、挂瓷快，是手疗、观赏和微雕核桃的佳品。

7. 蝎子　以核桃外形命名的核桃，产自宁夏、新疆。也是铁核桃的一种，因其尾部有一凸起的尖刺，特别像蝎子，因此而得名。特点：颜色较深，分量重，纹路深，凸起高，摩擦力大，适合手疗。但不易上色，纹路不太美观。

蝎子，45 毫米，市场参考价 1500 元左右

8. 鹰嘴　以核桃外形命名，产自河北、陕西、东北。半圆形，形状犹如鹰嘴，因此而得名，又称半壁江山、半月。质地坚硬，上色快，尤其是秋子鹰嘴，色泽漂亮，皮质好，上色挂瓷更快。

鹰嘴

9. 鸭嘴 以核桃外形命名，产自东北三省。形状尾圆而下垂，纹路呈条网状，头部又长又扁，和鸭嘴非常相似，因此而得名。如果从整体上看又像鸭头，因而也叫鸭头核桃。特点：分量足，手感好，上手易红，挂瓷快，非常受玩家青睐。

鸡心品种里的鸭嘴

10. 鸡嘴　以外形命名，产自北京、河北等地，也称鸡头，因其形状如公鸡头而得名。特点：纹路呈条纹状，肚饱满，边宽但不突出，尖直而锋利，皮质好，上色快。

鸡嘴，市场参考价 10000 元

11. 双棒（双联体）　以核桃外形命名，因形如双胞胎而得名。侧面看又像蝴蝶展翅，又称飞蝴蝶。颜色较深，纹路清晰，造型可爱，皮质好，上手易红。

双棒

12. 联体　以核桃外形命名，是铁核桃的变异，产自太行山一带，有双联体、三联体甚至四联体，颜色较深，形态奇异，所以一般以观赏为主，是观赏核桃。

联体

第伍章 文玩核桃购买投资

买核桃去哪买

北京十里河天娇文化城、潘家园古玩市场

　　北京周围积聚着玩核桃的最大人群。北京十里河天娇文化城是文玩核桃比较集中的重点市场。每年的八九月份迎来文玩核桃市场的高峰期。潘家园的文玩核桃生意也很火热，距离十里河一站地铁的距离。买核桃去这两个市场都可以，这里重点推荐十里河天娇文化城，而且最好去经营好多年有口碑的核桃老店，比如逍遥阁、京核桃等店铺。千万不要在小摊上买。

十里河天娇文化城

天津沈阳道古物市场

沈阳道之于天津，就如同潘家园之于北京。从古瓷、家具、钟表、字画、文房四宝到金、银、铜、铁、木、玉各类工艺品应有尽有。不过与其他的古玩市场不同，每个星期四是沈阳道的大日子，平时只是摆摆样子能保证日常开销就可以了，而一到星期四，沈阳道就像开了锅一样，买货的、卖货的、砍货的，简直就是人声鼎沸。一些国外的收藏者都把星期四看成了"天津日"。如今沈阳道古玩市场已经扩大到锦州道、沈阳道、新华路、热河路等地，大有扩大发展的趋势。

（其他城市文玩核桃市场请参考 附录：全国各地文玩核桃市场名录）

天津沈阳道古物市场

核桃串

异型联体核桃 市场参考价 30000 元

如何买到对的核桃

🌰 对大致价格要心里有谱

好多初入门的人买核桃，心理没谱。一问价格，三万、五万甚至十几万，吓一跳。因此在这里需要普及一下核桃的基本价格，让大家心里有数。

一般来讲，几百、几千、几万、几十万的核桃都有，入门级别的话就买三五百到一千左右的核桃，属于低端价位的。

稍微懂一点或者已经玩上兴趣的可以关注中等级别的核桃，价格在一万左右或更高些。

有想等着升值或投资心理的人，就不要挑便宜的买了，至少得三五万左右的核桃，才有较大的升值空间。要知道，一对好核桃抵得上一堆烂核桃（便宜的，升值可能性非常小的核桃）。

🌰 看皮色好坏

　　白茬显现砖红色为佳，判断皮质好坏要上手掂量，上手后坠手感明显（有分量），轻微摩擦发出清爽的蛤蟆音（硬度高），这样才能经得起岁月的磨砺。核桃的质，在很大程度上，决定了核桃的色，甚至包括盘 50 年之后的颜色。

　　经过一段时间盘玩的核桃，人手掌中的汗液和油脂会使核桃的皮色发生改变。由于人的身体健康会影响内分泌，因此核桃的皮色又能反映出一个人的身心健康状况

　　核桃自然色本身多为黄褐色，在把玩过程当中，颜色不断发生改变，要想使核桃皮色达到琥珀般的深枣红色，至少要盘玩10年

　　初入门的玩家，如果不是为了单纯收藏，最好从大白茬新核桃玩起。因为这样才能感受到新核桃对水、汗、油、摩擦、温度、时间等因素的反应和变化。玩的经验让人慢慢能够驾驭这种变化规律，从中体会到盘玩的乐趣

买核桃千万不要心急

先衡量自己的经济能力，一百也好，一千也好，心中有个准谱，不要觉得几十块的核桃无所谓，就随便下手乱抓，一定要找到自己心仪的，喜欢的，然后再出手。

买的时候即使很喜欢也要装作若无其事的样子，现在做生意的人很精明，一旦他抓住你的心理，再讲价可就难了。买之前要反复地看，有没有阴皮、砂眼、动刀，尽量挑出一些毛病，一来可以给自己降温，避免盲目购买，二来可以为待会儿讲价积累资本。另外，要警惕特别完美、无任何瑕疵的核桃，谨防假冒。

● 要试玩

核桃买之前不妨在手里盘玩一会儿，基本上盘玩一会之后，皮质不好的核桃就会表现出来，比如色差。买核桃的时候，尤其是买好核桃的时候，随身带上小针、放大镜、卡尺。有的商家故意把核桃弄脏为的是掩盖缺陷，用针一挑、放大镜一看，立刻显形；自带卡尺可以量一下大小，做到心里有数，以防买回来之后大小误差很大。

买核桃的时候先拿在手里玩一玩，试一下纹路的刺激效果，碰撞的声音真不真，以防买到假核桃（真的声音脆，假的声音闷，造假仁的话还有砂石声音）

买核桃的时候可以用放大镜看一看表皮是否有阴皮、斑点等污渍。另外，自然成熟的核桃，在放大镜下看，比较圆润、细腻、有质感，而处理过的核桃，粗糙、发干、没有质感

挑选核桃的时候最关键还是看两个核桃配对情况如何

如果看核桃大小看的不是很准，最好还是用卡尺量一量，做到心里有数

今年买不到等明年

核桃不比古董，玩一件少一件，核桃是年年长的，今年没好的，明年还会有，千万不要一冲动买回家不满意的，早晚您还得再买一对。

买到好核桃转手也不要心急

买卖投资大家都知道放长线钓大鱼，若不是急用钱，好核桃可以在手里慢慢盘玩，不着急出手。有一个前辈的朋友，非常喜欢核桃、橄榄核之类的东西，之前买了一对4000元左右的异型核桃，盘了两年之后有人出四万要买，他没卖。这就是核桃在时间流逝中的价值。

异型核桃鹰嘴，出自蟠龙狮子头品种，市场参考价40000元

● 保养

刚买的文玩核桃会有脏东西在核桃表面，用水浸泡 20~30 分钟，再用硬毛刷把脏东西刷掉，把核桃放在阴凉避风处阴干。等核桃干了就可以用手把玩了，冬季千万别放在暖气上，会开裂。

注意一点，核桃能不上油就别上油。玩核桃讲究"3 分玩，6 分刷，1 分给核桃安个家"。因此，核桃用手盘完后会有脏东西在表面，用棕毛刷刷核桃是为了清理脏东西同时保证上色均匀。最后不玩核桃时，用一个小布袋把核桃装在里面，也算给核桃安了个家。

异型联体核桃，市场参考价 30000 元

🌰 工具展示

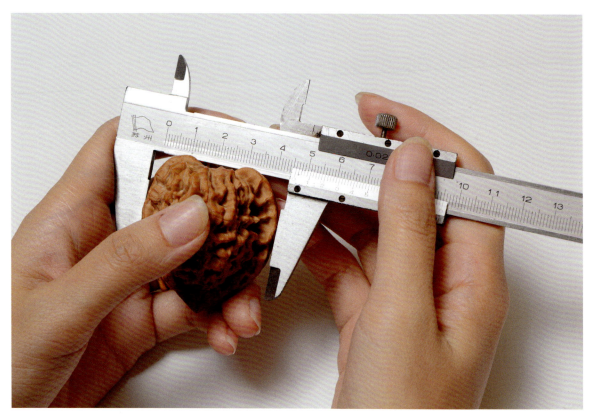

用游标卡尺量核桃非常简单，底座贴住刻度，两边一卡，看右侧0所在的刻度读数就可以

长毛软刷，核桃盘玩过程中，可以用来清洁表面灰尘、污垢

硬短毛刷，刷洗青皮核桃常用的木头刷

橄榄油，可用来给核桃上油

剔针，用来剔除核桃表皮的脏东西，检查是否有孔隙

放大镜，可以将核桃表皮局部放大，检查很细节的小毛病

文玩核桃怎么玩

看到别人手中如漆似玉的核桃，谁都羡慕，总恨不得自己的核桃一夜之间变得深红酱紫，清亮如玉。可是盘玩的过程是急不来的，需要调整心态，慢慢来。总有一天，您手里的核桃会变成你期待的样子。

上油

给核桃上油，首选核桃油，越少越好，不上油最好。若核桃表皮枯干，可以上点油，具体步骤如下：

1. 用小毛刷少沾点油均匀刷核桃，量要少，核桃表面不能汪油；

2. 上好油后，将核桃封存好，放置 2~3 天使油吸收；

3. 下次盘玩之前先用刷子刷核桃，刷净后，再盘玩。这样做会使核桃出亮泽快，为今后上色创造有利条件。

没揉的核桃基本就是核桃的木质直接与空气接触。北方气候干燥，没有保护层的核桃在高温高湿的状况下，容易开裂，上油则可以有效避免这种损害

黄褐色木本色是核桃最初的颜色，自然、安宁、回归，这是很多人在选购核桃时倍感亲近的原因

　　若核桃表皮有亮泽，就不用上油。因为上油多了，也有弊端。核桃皮密度不同，吃油程度不同，有的核桃就容易花皮。很多核桃商给核桃上油是为了防止核桃开裂，增加美观。其实普通玩家根本没必要担心，核桃天天不离手，根本不会开裂，因而最好不要买油汪汪的核桃。本来揉核桃就是要把核桃仁儿中的油脂揉得渗透出来，要是再在外面给油，那要猴年马月才能把核桃油揉出来啊？

异型鹰嘴核桃，色泽红润，非常漂亮。有句俗话"要想核桃好品相，三冬两夏才出样"，揉出一对漂亮核桃需要付出一定的心血和时间

上色

不要相信什么化学药剂，耐心盘才是正道，功夫下到了，没有不红的核桃。南将石、鸡心不爱上色，您不离手盘上 10 年，看它红不红。有的朋友手不爱出汗，很担心核桃盘不红，其实根本不必担心，照样红，而且红得更好看，是亮红。大汗手盘核桃，一开始看着是红得快，但是盘到最后就变黑红了。

上色推荐小方法：几枚核桃（食用的核桃）砸碎，取出核桃仁，包在一个小布包里，经常用这个小布包擦拭自己的核桃，天长日久核桃会变得光亮，色彩鲜艳，包浆饱满。

文玩核桃盘玩方式

盘玩核桃分为武盘和文盘两种方式，文盘就是将核桃放在手里把玩，互不触碰，不发出碰撞的声音，而武盘恰好相反，两只核桃在手里互相碰撞、摩擦发出声响。

文盘有利于保持核桃纹路的完整，虽然挂瓷上色慢，但是最终盘出来要比武盘出来的核桃更加天然、漂亮。

武盘容易让核桃的纹路磨损，变得平滑，而失去美丽的外观。武盘不宜过于猛烈，而偶尔两只核桃碰撞、摩擦属正常现象，听声音也是玩家的一种享受。

对于比较名贵的核桃，最好采用文盘的方式，慢工出细活。新上手的核桃，可以先用轻微武盘磨去棱角，使之变得圆润，再用文盘的方式慢慢盘出细腻光泽，这是文盘与武盘的最佳结合。

● 旋手式

就像在手中旋转两个圆球的方式旋转核桃，顺时针和逆时针都可以。

旋手式

🌰 叩击式

把核桃放在手掌中，用手指依次叩击核桃，富有力度和节奏的叩击可以让核桃的纹路有效刺激手指相应的穴位，起到对相应身体器官的调节作用。

🌰 按压式

如果核桃有尖顶，可以利用大尖顶，如果没有，例如是闷尖狮子头，就挑选核桃身上突起明显的地方，用指肚由轻至重按压该处，直至有轻微的痛觉为止。三五分钟后就换一个手指，如此循环效果更佳。还可以夹住核桃，反过来用其尖顶地方按压掌心和指肚的穴位。

这个方法可以刺激整个手掌上很多穴位，如果发现刺激某一个穴位感觉痛，就说明该穴位对应的身体器官有点问题，就可以着重刺激这里的穴位，对该部位对应的器官有一定改善。

叩击式

按压式

揉搓式

　　双手分别持两个核桃，用大拇指、食指和中指将其包裹在内，攥拳头一样地反复揉搓，全面利用核桃身上的大筋和纹路磨压掌心和指肚、指节壁，直至有酸痛的感觉为止。

　　这是盘玩核桃常用手式，因为可以全面摩擦核桃，使核桃更容易上色、挂瓷出包浆。文玩核桃的老玩家最常将此式与旋手式轮番使用，可快盘核桃出成果。

揉搓式

攥握式

　　人手掌心的血管最多，穴位较为密集，而且这里是人脑和五官的病症反射区。

　　核桃两手分握，置于掌心。将除大拇指外的四根手指覆盖其上，用力攥拳至掌心感觉痛麻，坚持 3~5 秒钟，打开掌心快速将核桃换个方向，再用力攥拳，反复 3 次后将核桃放置一旁，用力舒展手掌，休息两分钟，这时掌心会发热，有股要冒火的感觉，也可改为交叉互握。

　　这种方式较为激烈，但可充分刺激掌心汗腺加速分泌。长期坚持可以让人耳清目明，身体健康，而且可以缓解三叉神经痛，对长期便秘有疗效。

攥握式

盘玩过程中出现的问题

● 色差

　　两个核桃盘出来颜色一深一浅。其实，核桃即便是同一棵树的，也会有阴面阳面的不同，上色速度不同属正常。另外，好核桃往往不是一棵树的，或者不是同一年的，这样上色速度不同就更正常了。还是那句老话，踏踏实实地盘，最后早晚能顺过来。当然了，万事没有绝对，您拿一个东北秋子和一个南方铁核桃，估计这辈子是盘不成一个颜色的。

有明显色差的两个核桃，属于狮子头品种

🌰 黄尖

黄尖是核桃的毛病之一，造成核桃黄尖的原因很多，采摘过早、背阴生长、养分不足或施肥过剩、病虫害等等。有商家为了利益，将黄尖称为"富贵黄金尖"，但其实核桃的黄尖是非常难盘玩掉的，也有真正盘了十几年的黄尖，已经非常不明显了，基本被包浆盖住了。但这需要十分的耐心和足够的时间为代价，因此不建议购买。

核桃顶部黄尖明显

严重阴皮的核桃，不能买

阴皮

青皮核桃外表受到碰撞，青皮中的汁水渗入核桃木质表层，造成局部或整体发黄、发黑，即为阴皮。阴皮影响核桃的外观美感，对皮质影响不大。

核桃阴皮分为红阴皮、黑阴皮两种。红阴皮的核桃盘久了，红阴皮变得不明显，对外观和价值影响不大，但是黑阴皮很难盘掉，因此买的时候还是要谨慎。

空尾

若是核桃脐空了，可以用普通的家用蜡烛滴溶在脐眼几滴，若有多余的蜡滴在外边了，就用刀小心剔除。点胶的话可以用502胶水，可以选择合适的树皮做一个假脐，削成与原脐一致的形状和大小后塞入空脐，再点502胶水即可。

掉尖核桃，再便宜都不能买，无丝毫价值

怎么挑选核桃

简单凭感觉挑法

分量重。体积大、分量重，四五（边宽为 45 毫米）以上算比较好的。轻飘没分量的核桃有可能没完全成熟就被摘下来。

感觉扎手。好核桃要扎手，这是核桃按摩手上穴位，保健身体的重要指标。

纹路深。真正玩核桃，最好选深大纹路。它相对于密纹，可以出包浆，也能保留核桃的纹理，而密纹的纹路就比较容易消磨殆尽。

形正。核桃的眼，要小、正，太大、太歪都不是很好。要放在桌子上能站稳。

对称和相似。要对称，两个尽量相似。

狮子头呈圆形，肚大饱满，非常讲究对称，购买人群最广

三棱鹰嘴核桃一对，异型核桃风格相似是配对标准之一

白狮子核桃一对

狮子头核桃一对，红润亮泽，非常完美，市场参考价 30000 元

圈内标准挑法：六无、七字诀

六无

1. 无缺损： 核桃的每个面都是不能缺损和伤缺的。特别是尖部和棱条，要完整无缺，无磕碰的伤痕。核桃是微观艺术，若稍有损伤，在放大镜下将一览无余，便失去了其艺术价值。

2. 无凹陷： 核桃在生长、成熟过程中因缺少水分和营养而造成表面有凹陷，属于生长不足。这种缺陷是无法弥补的，失去了观赏性，搓揉也不方便。

观察核桃的尾部要格外细心，不排除用放大镜观察

3. 无焦面： 所谓焦面，就是核桃的某一面比其他地方颜色深，像烧焦后的颜色，因而称为焦面。焦面形成原因是核桃在生长过程中受阳光直射时间长而引起色素沉淀。搓揉时间越长，颜色反差越大。

现在，有人用双氧水、84消毒液脱色，但脱色后的核桃却无法回到原来的色泽。所以最好在选购的时候就避开有焦面的核桃。

4. 无阴皮： 阴皮是核桃的软皮在水中浸泡时，因时间过长而形成的斑点或斑块。用双氧水或84消毒液可以脱色，但也会使核桃失去天然色泽，因此在选购时一定要仔细观察，反复对比，避免阴皮。

5. 无树胶： 树胶（核桃胶），是因为产地的水土和气候引起的一种核桃疾病。树胶一般附着在皱或尖。棱周围，清洗后呈白色，长时间搓揉呈黑色，剔不净，洗不掉，重者会影响核桃的皮壳硬度，用利器抠挖会有损皮壳。所以在购买核桃时带个小钉，试着在外皱里抠一抠，若有松香一样的白色粉末，便是附着树胶。

6. 无空尾： 空尾是核桃在成熟后营养、水分不足造成的。空尾是把玩、观赏核桃的大忌，素有"无尖不成器，尾空命不长"的说法。如果尾部有空洞，核桃仁会霉变，生虫、寿命不会长远，所以选择核桃要注意尾部的状况。

官帽核桃一对，市场参考价 3000~5000 元

异型鹰嘴核桃，棱因为左右不对称而产生美，深得很多人喜爱

七字诀

1. 形： 形是选择核桃的第一要素，好的形状是手疗核桃的重要条件。圆形或椭圆形的核桃在市场上比较受欢迎，因它搓揉方便，压扎随意，旋转顺畅。选择核桃的形状把握以下几点：正而不刻板，凸起大而不尖利，棱宽而不弯。

具体形状大小要因人而异，因手而异。按一般规律而言，将两个核桃捏在一只手里，露在外面的部位占其1/4，是较好的选择。当然也有人喜欢个儿大的核桃，还有畸形核桃。观赏核桃形状随意，只要有美感就好，而手疗核桃最好是圆形或椭圆形，方便揉搓。

　　鸡心磨盘，买核桃的时候不要一听是磨盘就以为是磨盘狮子头。结果花高价买了一对鸡心磨盘回来。最好让卖家说出核桃品种的全名。

三棱白狮子，形有点歪

2. 色：核桃的颜色差异取决于生长地域、土质、品种等因素。即使是一棵树上的核桃，因长在树尖和树杈，阴面和阳面的不同，颜色也会不一样。日常所见到的核桃色泽大多是棕褐色、微黄色、土黄色、黄白色、微黑色等，因色泽不同，揉出来的效果差别也会很大。基于传统的审美观念，人们更喜欢棕褐色和微黄色，以期待长时间盘玩后将形成的棕红色或深咖啡色。

3. 纹：纹就是核桃外皮的褶皱。它不仅在手疗中起着摩擦刺激的作用，同时决定着一对核桃的观赏价值。因其地域不同，品种不同，纹路差别也很大。我们常见的纹路有以下几种：点状纹，线状纹，片状纹，块状纹，网状纹，水龙纹。大家在购买核桃时可以按自己的喜好仔细观察比对。

好的核桃纹路应该连贯，纹路要与尖和尾连贯起来，粗细结合并且匀称，而且纹路一定要深，如果是点状纹，大小要均匀。判断纹路是不是好，一个整体观感是看能不能给人无尽的想象空间，像日月星辰、河流山川、才子佳人、奇珍异兽等等。

水龙纹狮子头，扭动的水波纹动感十足，非常漂亮

王虎狮子头，50 毫米，市场参考价 10000~15000 元

4. 尖：核桃尖决定着一对核桃的价值，应该是尖而不利，钝而有形，不扭曲，不开裂，无白顶，无黑顶，无黄尖，其形状与棱协调，与四面吻合。

三棱铁核桃 市场参考价 200~1000 元

玩核桃的时候尽量让核桃的尖朝外，在手里旋转，以免尖受到磕碰而断掉，会严重降低核桃的价值

5. 尾：尾在核桃的搓揉、观赏中起着重要的作用。核桃玩友中流传："尖要钝，脐要紧，放于掌中能坐稳"的说法。选核桃时，要看尾部平不平，堵得严不严，严才不会空尾。有人用胶水调广告色将空洞堵塞，但效果不佳，因广告色与核桃的本色难以协调，而且时间久了胶水会自然脱落。选择核桃一定要把住尾关，以防核桃命

核桃的脐封与不封全在个人喜好，没有特别规定。也有一些玩家是不会介意漏脐的，也不会因漏脐而错过喜欢的宝贝

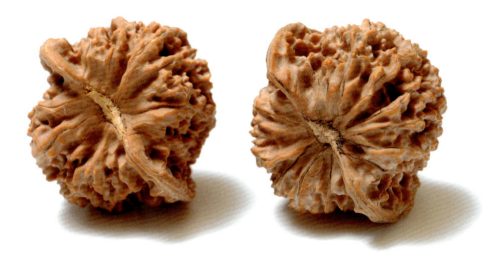

　　天然的核桃尾脐，没有经过任何加工，是与树木一样和谐的木本色。而假的核桃尾脐封蜡或者涂胶水，会有透明的白色，因此在选购时候要注意区分

　　三棱铁核桃，市场参考价500元。重量当然不是衡量核桃好坏的唯一标准，否则铁核桃会因为它的实沉非常占优势。但其实市面上铁核桃的价格非常低，几十块到三五百块，可以随便玩玩

　　6. 量：即重量。核桃重量要方便携带，握在手里有坠感，稍重为佳。稍重的核桃因为在手里旋转时有一定的惯性，手疗效果也会好。

　　7. 质：指核桃皮的质地结构。一对核桃揉出来的颜色、亮度、手感的好与差，是由核桃皮的质地决定的。其结构越紧密，上色越

好的核桃质地细腻坚硬。新核桃手感沉，碰撞起来声音瓷实。老核桃揉起来如羊脂玉一般细润，碰撞如同金石

快，上浆、挂瓷也越快，否则相反。衡量核桃质地如何的方法是听铜音。就是将一对核桃放在耳边，轻轻碰撞发出如铜似铁的声音，说明其质地结构好。

此外，对于手疗核桃的选择玩家还有一套通行的小方法：比六面，一碰脐。比六面：就是将核桃的 6 个面依次比较，其形状纹路、颜色、凸起、棱筋、尾脐基本相似为佳品。一碰脐：就是将两个核桃的尾脐碰在一起，然后进行观察，合不到一起的为下品，合得到一起缝隙大为中品，合得到一起缝隙小为上品，合得到一起看不到缝隙为极品。

如何给核桃配对

简单来讲，两个核桃配对需要满足：大小匀称，颜色一致，外形丰满，棱不偏斜，立在平处较端正。底下脐处要求一圆一椭圆，配成公母，如果有歪斜就会影响到价值。

品种相同

首先两只核桃必须是同一个品种，而且最好是同年同树、同天采摘、同天剥皮的核桃，因为一棵树上的核桃，有时每年的形状、纹路会发生变化。

通常来讲，野生核桃比嫁接核桃质地好，更坚硬，色泽更迷人。玩家如果买到野生或山核桃嫁接的品种，都具有很高的收藏价值，如果买到山上长出的核桃，那就是核桃中的佳品

民国狮子头一对
估价 5000~6000 元
北京宝瑞盈国际拍卖有限
公司 2014 年春季拍卖会
拍卖品

🌰 尺寸相同

边、肚、高的尺寸都要尽量接近。如果尺寸有差异，必须控制在 0.5 毫米以内，才可以算作配对儿成功。但其实即使是同一颗树上的核桃，有时候也很难配出完美的一对儿。所以，配对儿需要耐心和机缘，有时候很可能当年新下树的一只核桃，要等到几年以后才能够找到另外一只和它配得上对儿的核桃。

虎头核桃一对
估价 5000~6000 元
北京宝瑞盈国际拍卖有
限公司 2014 年春季拍卖
会拍卖品

形状相似或相近

简单来讲,首先看核桃边和肚的弧度是否相同(相似),其次看肩的高矮是否相同(相似),最后看核桃底部大小、凸凹和尾的大小是否相同(相似)。

就外形整体而言,要尽量做到上、下、左、右、前、后六个面都具备相同(相似)的外形。如果六个面都能配上对儿的话,那就是行内所称的"绝对儿",极其难得;如果五个面配上对儿的话,堪称"佳对儿";而如果只有一个面的外形相似,其他几个面的外形都有较大差异的话,这样的两只核桃就不能算是配上对儿了。

大官帽核桃一对　起拍价 18000 元　流拍
重锤国际拍卖(北京)有限公司　博宝拍卖网 228 期艺术精品拍卖会拍卖品

皮色要统一

两只核桃的颜色应尽量保持一致,避免色差。一般来说,不同时期(下树时间)的核桃往往会呈现出不同的颜色,特别是年代久远的核桃会呈现出如玛瑙般莹润的色泽。此外,色差的形成还跟保存手段、剥青皮的先后有关系。配对的时候尽量让两只核桃的皮色一致，否则将来很有可能形成色差，不利于升值。

目前市面上有一些经过加工上色的新核桃，在购买时要小心鉴别。一个简单方法是用手指在核桃表面用力擦一下，年代久远的核桃会出现亮点，而经过加工上色的新核桃没有亮点。

核桃是微观艺术，在挑选核桃的时候其实可以认真观察一下核桃的纹路，错综复杂但也别有一番风味，在寻求配对的过程中发现核桃不同纹路给人带来的无尽想象空间

有明显色差的两只核桃一定不要选

🌰 品相要完整

两只核桃都要无伤、无裂、无修补才好，否则一只完美，一只残缺，一般人都没法盘下去。

🌰 纹路要统一

两只核桃的纹路形态要尽可能接近，纹路疏密一致、深浅一致、花样一致。纹路越是接近的核桃其整体价值也就越高，反之价值就越小。

一般来说，同一棵树下来的核桃纹路往往会比较相似，而不同树下来的核桃纹路则很难有近似的，因此商家们会采用"包树"的办法，来提高核桃配对儿的成功率，保证产品的高价值。

🌰 重量相同或接近

两只核桃重量越接近越好。可以允许有轻微的误差，但掂在手里，不能明显感觉一轻一重。

联体铁核桃一对，市场参考价 300~500 元

配对极为完美的三棱佛头，禅意的风格让二者形成一个整体，具备很高的收藏价值，市场参考价 3 万 ~5 万元

🥔 异型核桃风格要相似

异型核桃配对很难，也要尽量追求风格相似。

也许全部条件都满足不容易，找一对完美配对儿的核桃，就像在大千世界寻找完美的姻缘，或者高山流水遇知音的友谊，并不是一件容易的事儿！而核桃的价格也会随着配对的优劣程度而或高或低！

文玩核桃树有粗壮的枝干和庞大的树冠，在夏末秋初时节，异常繁茂

文玩核桃收藏

核桃是在把玩中收藏、在把玩中升值的艺术品。收藏核桃要选择没有经过漂洗、染色和人工动刀的核桃，通过手的把玩、揉搓，使它自然变色、产生玉质感，才有升值空间。

在核桃收藏界有流行说法：玩好的，藏少的，卖老的，避小的。

玩好的： 好核桃的产地：河北、山西、京津、甘肃等地；好核桃的品种：狮子头、虎头、公子帽、官帽、鸡心等。无论是从观赏性、升值空间来看，都是最佳选择。

民间有说法："十秋一头，十铁一心，两冬三夏，黄铜变金。"即十对秋子也换不来一对狮子头，十对铁核桃也换不来一对鸡心，经过两冬三夏的揉搓，核桃会像黄铜变黄金一样升值。因此，条件允许的话，玩核桃就要玩好品种高档次的，这样升值空间才会很大。建议买三万到五万的核桃边收藏边把玩。

藏少的： 选择好品种的核桃，珍贵奇异的绝版，一方面不断提高收藏的品位，丰富收藏的内容，另一方面也为以后升值打下雄厚基础。

新下树的满天星

蟠龙纹狮子头

卖老的：就是说核桃要揉到一定程度再出手，因为揉的时间越久，价值越高。

避小的：对于所有玩核桃的人来说，收藏时要把个儿大作为第一要素。

除以上几条说法，关于核桃收藏还建议玩家要去了解核桃本身和它背后的文化，如核桃的种类、特点、价格、性价比、品相以及与之相关的文化、历史，而不要仅仅根据道听途说和轻信商家就做判断，要去发现自己真正喜爱的品种。

另外还要多看多交流，文玩核桃的市场、产地，有条件都可以去多转转。市场转的多了可以对核桃的大致价格做到心里有数。转核桃的产地可以对不同产地的树种、产量、地理风貌、风土人情有一定的认知，对核桃的未来市场做一些初步的判断。

其次，还要在玩核桃的过程中多交友。把交朋友、做人看得比玩核桃、做生意重要的人，一般运气都不会太差。玩核桃的多是有心长情之人，无论是商家、藏友、玩友，多交流互动，他们愿意把大钱给熟人、朋友赚，而不是拱手送给陌生人。

青皮核桃挑选：赌青皮

什么是赌青皮

青皮，就是刚下树，还没去掉皮的核桃。"赌青皮"像玉石行业中的"赌石"，是文玩核桃中的一种玩法。在一堆从树上摘下来的青皮中，挑选两个尺寸、形状相当的青皮配对，商讨好价格，选中一对青皮，付钱给卖家，接着由卖家将青皮剥开，如果开出来的核桃尺寸又大、形状又好、纹路又清晰，且两个相匹配，这就算赌赢。

赌青皮的由来

赌青皮从 2006 年开始盛行。2009 年后，玩的人越来越多。在文玩核桃圈里，45 毫米以上的核桃称得上高端核桃，由于价格翻倍上涨，一些品相好的异型核桃例如三棱（俗称大奔）、四棱、联体、鹰嘴儿的价格少则上万，多则数十万。

核桃杨在产地收购核桃，上树细致地观察青皮是收购好核桃的必经之路

十里河天娇文化城内，武圣亭（又叫关公亭）旁边的核桃杨赌青皮摊上，围观和参与的人群非常庞大，好多人即使自己不赌，看着别人赌也能过过赌瘾

🌰 青皮的价格

"青皮"的市场价格在 500~10000 元不等，价位不算太高，而且满足了玩家赌的心态，因而"赌青皮"成为文玩核桃圈一种流行玩法。

🌰 "赌青皮"有两种赌法

一是赌树上的青皮核桃，这主要是核桃经销商与核桃生产商的合作。比如一棵树上有 500 个青皮，品种是狮子头，每个 100 元，那就是 5 万元。如果这里面出了 8 对直径是 48 毫米的狮子头，每对 1 万价值 8 万，那就是赚了，剩下的无论大小随便卖。如果 500 个里面都是直径不到 35 毫米的，那就亏本了。

二是在市场上赌，市场里放的全是刚从树上摘的青皮，比如说500元一对，自己挑。如果你眼力好，挑的那对儿个大，纹路好，可能价值2000~3000元，那就算赌赢；如果你挑的纹路不好，青皮很厚，里边核桃小，那就算勉强收回本儿或者算赌输。

十里河古玩城关公亭（又叫武圣亭）旁边核桃杨的赌青皮摊，他正在给大家看新开出的核桃

武圣亭 天娇文化城标志性建筑

核桃杨赌青皮的摊上，大家对新开出的核桃持惊喜和观望的心态

抽空就给青皮配对，在旁人看来，核桃杨已经非常娴熟，但他还是带着惯有的谨慎和耐心，在寻找最完美的配对

开出青皮并且完美配对，对于一个赌核人来说，是最欣慰和值得欢欣鼓舞的事

在十里河古玩城其他的赌青皮小摊上明码标价的青皮核桃

十里河市场上也有这种走低价批发渠道的核桃，一般品相不会太好

教你快速判断核桃的价值

据一个玩核桃二十年的前辈讲，判断核桃的价值，首先看核桃的大小和形状，个头儿大、直径大于45毫米，外形周正、无残缺、皱褶深且纹路美观，价格就贵；其次看颜色，颜色越红越好，红得透亮为上品；第三，看年头儿，越老越贵（一般把玩有30—50年的核桃称为老核桃），新核桃价格相对便宜。揉上两三年，核桃的包浆出来了，颜色深了，身价也就涨了。

一般来讲，矮桩的价格高于高桩，圆的价格高于尖的；宽边比窄边漂亮，凹底与平底好过凸底。还有一些异型核桃也非常珍贵，如：三棱狮子头、鹰嘴等。

三棱狮子头核桃一对 估价 3000~50000 元

北京宝瑞盈国际拍卖有限公司 2013 年春季拍卖会拍卖品

四棱狮子头核桃一对 估价 3000~50000 元

北京宝瑞盈国际拍卖有限公司 2013 年春季拍卖会拍卖品

核桃一般按对儿卖，一个形状对称、纹路较好的核桃大概卖一两千元，如果配成对儿则能卖一两万元。给核桃配对儿要求两个核桃大小一致，纹理相似，重量相当，一对好核桃的形成，要凭借天时、地利、人和，因此，配对儿成功的概率极低，而一旦成功就价格不菲。

一定要小心假核桃

🌰 不要在路边摊儿买核桃

路边流动的临时地摊儿的核桃不要买，五块十块一个，百分之九十九造假；路边兜售传家宝，品相绝佳价格还合适的老核桃不要买，这个比中彩票的几率还低。建议买核桃去正规的文玩核桃店铺买。十里河天娇文化城文玩核桃老店很多，可以多转多看，反正是花钱，不着急。

如何识别假核桃

❶ 一看

看接缝： 用 10 倍或 20 倍放大镜看接缝，假核桃容易发现细小气泡，以不完整的残破气泡居多。

看纹路： 树脂压膜核桃以真核桃为模具，因此兜售的核桃不仅大小相同，连纹路都一样。因而看到两个纹路完全相同的核桃，一定要谨慎购买。不过也有高明的造假，纹路不完全雷同，那就需要更谨慎一些了。

看尾脐： 假核桃的尾脐没有残留物，或者冒充老核桃的尾脐却显得比较新，而真核桃的尾脐一般有一些树杈间的残留物，而且真的老核桃尾脐也会很陈旧。

看皮质： 若是老核桃的话，真的表层是红润颜色，而假的只红不润。

鸡心核桃的青皮

❷ 二闻

将核桃在手里捂一会儿，闻下味道。如果有树脂、化学物质的味道，而不是朴素的木香味，那就可以推断是假的。

❸ 三掂（量）

真核桃拿在手里，相对较轻，没有坠感，而假核桃为化学材料合成，相对较重，坠感明显。

另外，真核桃的纹路摸起来感觉温润，而假核桃的纹路不细腻，摸起来粗糙。

❹ 四听

听两核桃碰撞音： 在手里盘核桃，听两个核桃碰撞发出的声音，假核桃声音沉闷，真核桃声音清脆。

听晃仁音： 假核桃的核仁用砂子造假，晃动的时候听上去声音很整齐，而且在手上的感觉也很齐。

已经清洁过的百花山狮子头（满天星狮子头），农户在给核桃配对。青皮的汁液会让手的表皮变黑和腐蚀

青皮核桃去皮、清洁流程

❶ 待处理的青皮核桃

❷ 用小铲子也可以削青皮

❸ 初步削去青皮的核桃

❹ 将核桃放入铁丝网固定的筛子中

5 用高压水柱冲洗核桃表皮残留的青皮

6 洗净青皮的百花山狮子头

7 将去除青皮的核桃放在水中浸泡

8 用毛刷刷去核桃表皮残余的顽固青皮肉

9 用剔针剔去孔隙内的脏东西

第 **陆** 章

文玩核桃手疗

- 核桃手疗的秘诀
- 核桃手疗中常用的治疗点和穴位

三棱核桃

核桃手疗的秘诀

核桃手疗就是利用其独特的纹理凸起、棱角和尖部，采取揉、搓、压、扎、捏、蹭、滚等技法运动双手，按摩刺激肌肤经脉，尤其是手掌的穴位，而达到"有病治病，无病健身"的疗效。

在我国利用核桃手疗的历史悠久。手是人体活动最频繁的器官之一，神经、血管极为丰富。在用核桃进行手疗时，要做到3个心中有数，即：对手上的穴位、反射点要心中有数；对身体的疾病心中有数；对搓揉核桃的方法要心中有数，从而有的放矢地进行压扎、刺激。手疗时不可点到为止，要用心、用力将手掌搓红揉热，滚出汗。特别是用核桃压扎穴位时，一定要扎出酸、麻、胀的感觉来，方可达到预想效果。

《黄帝内经》中记载："经脉者，所以决生死，处百病，调虚实，不可不通。"手的经脉是人体几条经络的起止点，是通过三阴三阳六经六脉经手部运动而得到循环的。而经络则是联系人脑神经和五脏六腑的纽带，每天揉搓核桃，可通过刺激这些穴位，疏通经络，调和气血，舒筋健骨，强壮内脏，健脑益智，维系人体正常的功能，对偏瘫后遗症、颈椎病、肩周炎、冠心病、手指功能障碍等疾病，均有较好的疗效。

此外，由于核桃与手掌皮肤的频繁摩擦，也会因静电及热效应的产生，起到增进血液循环、理气补血、补肾固精、治疗周身各部位疾病的作用。

手掌全息穴位与反射治疗点示意图（一）

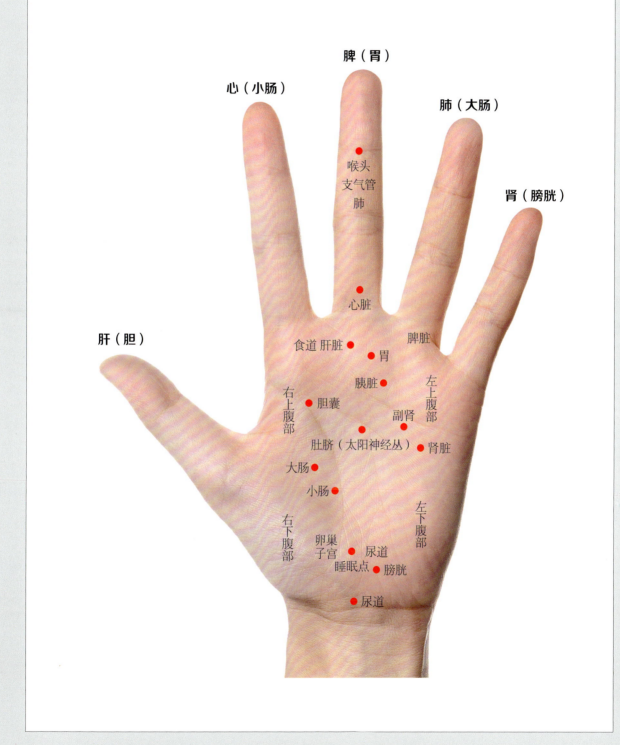

脾（胃）

心（小肠）

肺（大肠）

肾（膀胱）

肝（胆）

喉头
支气管
肺

心脏

食道 肝脏 脾脏

胃

胰脏

右上腹部 胆囊

左上腹部

副肾

肚脐（太阳神经丛） 肾脏

大肠

小肠

右下腹部

左下腹部

卵巢子宫 尿道

睡眠点 膀胱

尿道

手掌全息穴位与反射治疗点示意图（二）

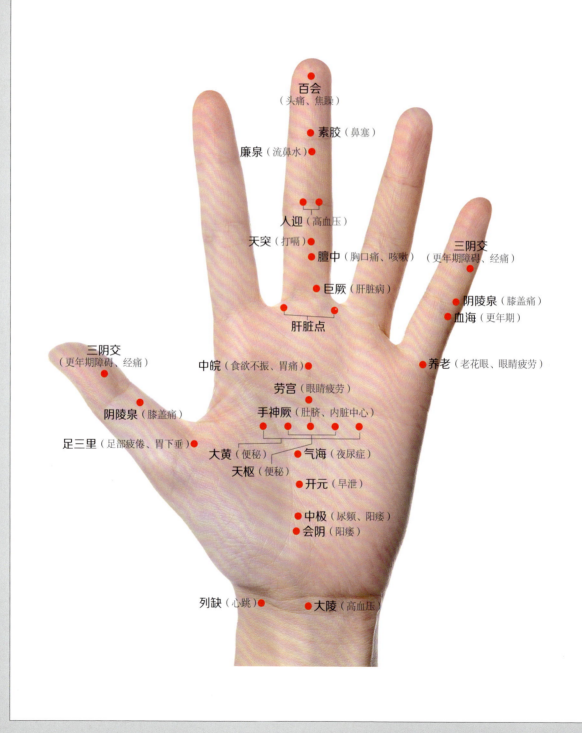

百会（头痛、焦躁）

素胶（鼻塞）

廉泉（流鼻水）

人迎（高血压）

天突（打嗝）

膻中（胸口痛、咳嗽）

三阴交（更年期障碍、经痛）

巨厥（肝脏病）

阴陵泉（膝盖痛）

血海（更年期）

肝脏点

三阴交（更年期障碍、经痛）

中皖（食欲不振、胃痛）

养老（老花眼、眼睛疲劳）

劳宫（眼睛疲劳）

阴陵泉（膝盖痛）

手神厥（肚脐、内脏中心）

足三里（足部疲倦、胃下垂）

大黄（便秘）

气海（夜尿症）

天枢（便秘）

开元（早泄）

中极（尿频、阳痿）

会阴（阳痿）

列缺（心跳）

大陵（高血压）

手掌全息穴位与反射治疗点示意图（三）

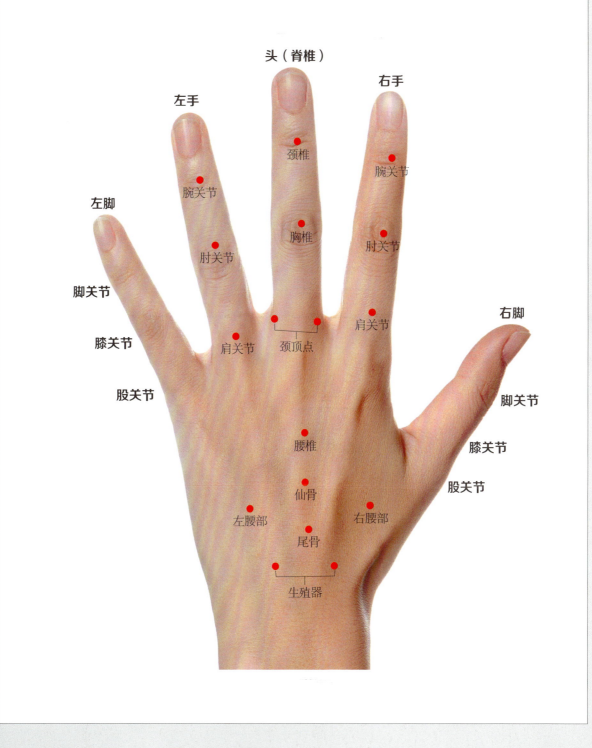

头（脊椎）

左手

右手

左脚

颈椎

腕关节

腕关节

脚关节

肘关节

胸椎

肘关节

膝关节

右脚

股关节

肩关节

颈顶点

肩关节

脚关节

腰椎

膝关节

仙骨

股关节

左腰部

右腰部

尾骨

生殖器

手掌全息穴位与反射治疗点示意图（四）

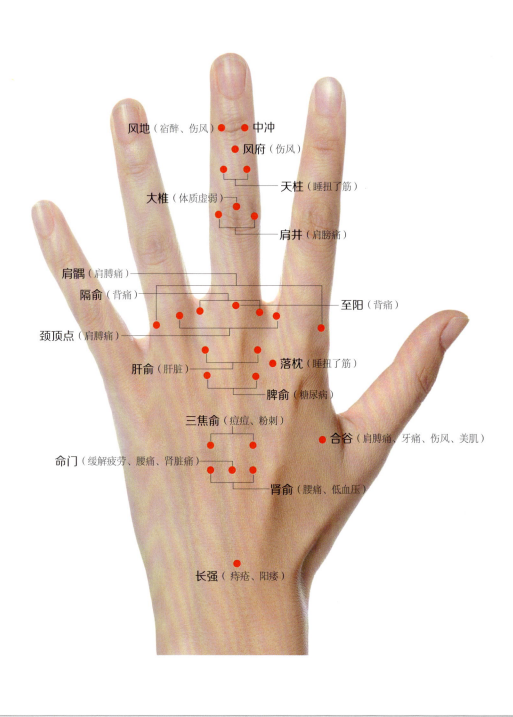

风地（宿醉、伤风） ● ● 中冲

风府（伤风）

天柱（睡扭了筋）

大椎（体质虚弱）

肩井（肩膀痛）

肩髃（肩膊痛）

隔俞（背痛）

至阳（背痛）

颈顶点（肩膊痛）

肝俞（肝脏）

落枕（睡扭了筋）

脾俞（糖尿病）

三焦俞（痘痘、粉刺）

合谷（肩膊痛、牙痛、伤风、美肌）

命门（缓解疲劳、腰痛、肾脏痛）

肾俞（腰痛、低血压）

长强（痔疮、阳痿）

核桃手疗中常用的治疗点和穴位

❶ 搓压拇指肚（养肝护胆）

❷ 搓压食指肚（治便秘）

❸ 反复扎中指肚（治头痛、降血压）

❹ 反复压无名指肚（清肺理气）

❺ 压扎小指肚（滋肾壮阳）

❻ 双手握拳刺劳宫（强身健体护眼）

❼ 双手用力滚手心（治早泄、尿频）

❽ 核尖朝上扎中冲（防胸闷、中风）

❾ 压扎血海三阴交（改善更年期综合症）

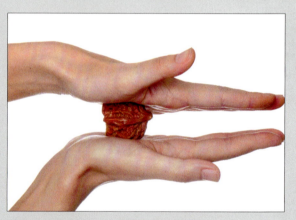

❿ 滚动核桃压鱼际（提高免疫力）

⓫ 捏住核桃压指尖（呵护五脏六腑）

⓬ 核尖朝下扎少府（预防脑梗塞）

❸ 中脘点上用力压（健脾胃）

❹ 双手合十滚手掌（保养肝胆胰肾）

❺ 掌心朝外滚手背（强筋壮骨）

❻ 经常压扎养老点（防花眼）

第 **柒** 章

珍贵文玩核桃鉴赏

官帽核桃一对　起拍价 1800 元　流拍

中都国际拍卖有限公司 2013 年春季文物艺术精品拍卖会拍卖品

狮子头核桃一对　成交价 5600 元

品盛（北京）国际拍卖有限公司 2012 年首届艺术品拍卖会拍卖品

红狮子头核桃一对　成交价 5040 元

中都国际拍卖有限公司 2012 年夏季大型艺术品拍卖会拍卖品

南将石狮子头一对　起拍价：无底价　流拍

北京歌德拍卖有限公司博宝艺术网综艺第七期拍卖会拍卖品

狮子头核桃一对　成交价 17250 元

北京保利国际拍卖有限公司博宝艺术网第 18 期精品拍卖会拍卖品

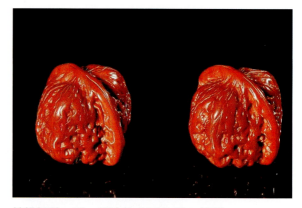

核桃把件一对　起拍价 6000 元　流拍

天津君瑞麟拍卖有限公司收藏品　2011 年秋季拍卖会拍卖品

核桃把件一对　成交价 28000 元

上海中福拍卖有限公司拍卖品　2011 年雅石杂项拍卖会拍卖品

鸡心核桃 一对　成交价 1120 元

北京歌德拍卖有限公司 2009 年综艺第二期拍卖会拍卖品

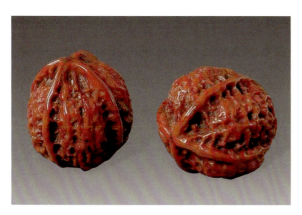

清核桃一对　成交价 3520 元

北京翰海拍卖有限公司 2006 年仲夏拍卖会拍卖品

核桃浮雕龙纹手捻一对　估价 1000~1200 元

普艺拍卖有限公司第 402 期拍卖会拍卖品

清 核桃雕人物烟壶（一对）
估价 180,000~220,000 元

中国嘉德国际拍卖有限公司收藏品　2014 年春季拍卖会拍卖品

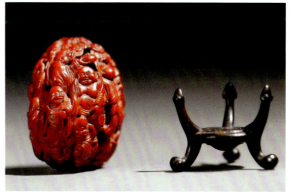

清乾隆 核桃雕十八罗汉摆件
估价 160,000~180,000 元

浙江世贸拍卖中心有限公司 2014 年春季拍卖会拍卖品

附录一

让你不露怯的行话儿

尖： 核桃尖，也称"咀"

白尖： 核桃未成熟直接摘下的尖是白色的

老核桃： 一般指盘玩出了包浆并有多年历史的核桃

做： 人为的加工，如上色、修尖、补裂等

筋儿： 指的是核桃的棱翼

偏： 指的是核桃长歪了的意思

底座： 核桃的底部叫底座

眼： 核桃的底座的中心点，也叫"脐"

漏脐儿： 指核桃底部脐儿里面是空的

黄皮： 核桃表面的一些忽然变浅的黄色，盘玩之后不会消失

阴皮： 核桃表面的一些忽然变深的黄色，盘玩之后不会消失

磨过底： 为了使核桃立起而磨平核桃底部

缩了或抽了： 指的是新核桃摘下一段时间后水分会收缩、尺寸会变小的情况

几个几： 如四个五或四五，指 4.5 厘米，是核桃两边棱的最宽长度，是衡量核桃大小通用的指标

窝底： 指的是核桃底部是以脐儿为中心凹进去的底座

大边： 也称"厚边"，指核桃棱翼的宽度和厚度，越宽、越大、越好

纹理： 指核桃表面纹的粗细，越深越好

手头： 指核桃的重量，在手中感觉越沉越好，但是新核桃因水分很大故显沉

抓： 行话常说"抓一对核桃"指买核桃的意思

打手： 指核桃的分量重，揉搓起来有撞手的感觉

配： 两只核桃组合成一对

咯手： 指核桃拿在手里的感觉不舒服

品相： 一对核桃的品质与外形的总称

附录二

全国各地文玩核桃市场名录

北京　十里河古玩市场
　　　　报国寺文玩市场
　　　　潘家园旧货市场
　　　　官园文玩花鸟市场
　　　　南城旧货市场
　　　　天宁寺文玩市场
天津　沈阳道古玩市场
　　　　鞍山道收藏市场
　　　　平安街收藏市场
　　　　古文化街古玩市场
上海　东台路古玩市场
　　　　方滨中路 459 号福佑古玩市场
　　　　昌平路 888 号古玩市场
石家庄　中江古玩城
　　　　古韵古玩城
　　　　河北古玩城
　　　　燕赵古玩城
　　　　联盟路古玩城
保定　老五中桥头花鸟鱼虫市场
　　　　力高古玩市场
济南　英雄山文化市场
太原　南宫古玩市场
　　　　文庙港 24 号收藏品市场

南京　平江府 19 号夫子庙收藏品市场

武汉　荣任路收藏品市场

　　　汉口前三眼文物市场

郑州　龙海路古玩城

　　　大学路收藏品市场

　　　中原路绿城广场古玩市场

西安　城东万寿路八仙宫收藏品市场

　　　南大街原关东书院古玩市场

　　　朱雀大街西安古玩城

　　　大唐西市古玩市场

成都　东玉龙街冬青树古玩市场

杭州　耶稣堂 17 号古玩市场

苏州　人民路文庙收藏品市场

重庆　上清寺渝中大厦收藏品市场

长沙　宝南街收藏品市场

　　　楚湘街文化艺术品市场

银川　西塔古玩市场

大连　华宫收藏品市场

　　　天津街古玩城

广州　西关古玩城

　　　海珠中路 288 号中圆收藏品市场

　　　带河路源胜街古玩市场

　　　逢源路古玩市场

厦门　白鹭洲古玩城

珠海　拱北中珠大厦收藏品市场

深圳　深圳市书城收藏品市场

哈尔滨　东大直街大世界商城收藏品市场

长春　重庆路 15 号关东文化城

香港　摩罗街荷里活道古玩市场

图书在版编目（CIP）数据

文玩核桃鉴赏购买指南 / 潮流收藏编辑部编著 .
—— 北京 : 北京联合出版公司 , 2014.9
ISBN 978-7-5502-3516-8

Ⅰ . ①文… Ⅱ . ①潮… Ⅲ . ①核桃 – 鉴赏 – 中国 – 指
南②核桃 – 购买 – 中国 – 指南 Ⅳ . ① G894-62

中国版本图书馆 CIP 数据核字 (2014) 第 190691 号

文玩核桃鉴赏购买指南

项目策划　紫圕圖書 ZITO

丛书主编　黄利　监制　万夏

编　　著　潮流收藏编辑部
责任编辑　王巍　陈昊
特约编辑　李媛媛　申蕾蕾
特约摄影　鞠倚天　李景军
装帧设计　紫圕圖書 ZITO
封面设计　紫圕装帧

北京联合出版公司出版
（北京市西城区德外大街83号楼9层　100088）
北京瑞禾彩色印刷有限公司印刷　新华书店经销
100千字　889毫米×1194毫米　1/16　11印张
2014年9月第1版　2015年2月第2次印刷
ISBN 978-7-5502-3516-8
定价：88.00元